U0365705

图画通识丛书
A Graphic Guide

康 德

INTRODUCING KANT:
A GRAPHIC GUIDE

克里斯托弗·库尔－万特 (Christopher Kul-Want) / 文

安德泽耶·科里莫夫斯基 (Andrzej Klimowski) / 图

郭立东 / 译

图书在版编目（CIP）数据

康德／（英）克里斯托弗·库尔－万特文；（英）安德泽耶·科里莫夫斯基图；郭立东译. —北京：生活·读书·新知三联书店，2019.8
（图画通识丛书）
ISBN 978－7－108－06549－0

Ⅰ.①康…　Ⅱ.①克…　②安…　③郭…　Ⅲ.①康德（Kant, Immanuel 1724-1804）－哲学思想－研究　Ⅳ.① B516.31

中国版本图书馆 CIP 数据核字（2019）第 057969 号

责任编辑　李静韬
装帧设计　朱丽娜　张　红
责任印制　徐　方
出版发行　**生活·讀書·新知** 三联书店
　　　　　（北京市东城区美术馆东街 22 号 100010）
网　　址　www.sdxjpc.com
图　　字　01-2018-6756
经　　销　新华书店
印　　刷　北京隆昌伟业印刷有限公司
版　　次　2019 年 8 月北京第 1 版
　　　　　2019 年 8 月北京第 1 次印刷
开　　本　787 毫米 × 1092 毫米　1/32　印张 5.75
字　　数　50 千字　图 169 幅
印　　数　00,001－10,000 册
定　　价　32.00 元
（印装查询：01064002715；邮购查询：01084010542）

目 录

伊曼努尔·康德

处于现代思想入口处的康德哲学，其标志是怀疑主义与宗教和形而上学的信仰的失落。他的著作，由于系统地反驳任何宣称知道真理是什么以及真理何在的主张而引人注目。

如果我们说"上帝不存在"，这样的判断中没有丝毫的矛盾。

然而，在摧枯拉朽般地破除传统信念的表面背后，康德哲学发展了一种新的和深刻的肯认。它肯定人类知识的**界限**，承认这些界限带来的创造的可能性。取代迷信与教条，康德拥抱变化和人类的可错性，认识到这些是快乐之源。这样的观点超出了现代主义对秩序和进步的欲求，甚至把康德的思想置于后现代的动荡之中。

早年生活

伊曼努尔·康德 1724 年 4 月 22 日早上 5 点生于东普鲁士哥尼斯堡市（现在的加里宁格勒）。他是九个孩子中的老四，家里的孩子有三个在婴儿期就夭亡了。伊曼努尔的母亲瑞金娜在他十三岁时死去。他对她的爱报以永久的感激。

伊曼努尔父亲约翰·乔治是一个马具制造者，死于他二十二岁时。伊曼努尔在哥尼斯堡的手工业区度过了他的童年，在一种浓厚的虔敬派氛围中长大。

哥尼斯堡是伊曼努尔出生那年，由普莱格尔河附近三个群集的大镇组建的。与那时的其他德国城市不同，哥尼斯堡没有由地方乡村贵族构成的封闭的城市上层。

它是普鲁士的第二大城市，并且是德国经济和文化上最有活力的城市。

学术行业由于其特殊的经济和阶级结构，有一定的向上的社会流动。

1732 年到 1740 年，康德就学于腓特烈中学，这是一所私立的虔敬派学校。他受家庭牧师弗朗茨·阿尔伯特·舒茨资助，后者也是这所学校的校长。

虔敬教派由**菲利普·雅各布·施佩纳**（1635—1705）在德国创立。虔敬派认为基督信仰不是一系列教义命题，而是与上帝的活生生的联系。

对于虔敬派，路德教会机构的重要性被认为不及"看不见的教会"，它的成员原则上包括整个人类。

尽管虔敬派强调直觉体验，它的拥护者也将重点极大地放在虔诚践行上。康德在腓特烈中学的同时代人大卫·儒肯，后来成为莱顿大学的哲学教师，谈及"迂腐而阴郁的狂热主义风纪"支配着这个学校的组织。

尽管康德怀有家庭中他父母的虔敬主义的记忆，并对他们传统的虔敬主义的平静和真诚保持敬重，但对学校中遭遇的那种官方形式的虔敬主义却只有蔑视而已。

部分地受到理性主义哲学的影响，康德后来在原则上反对宗教仪式。1775 年在给 J.C. 拉法特的一封信中，他说："任何信仰声明，任何对神圣之名的呼唤，任何对宗教仪式的尊奉，都无助于获得救赎。"

作为哥尼斯堡大学的校长，当有公务必须参加宗教仪式时，他总是"感到厌恶"。

在腓特烈中学，一位对康德有启发的教师是拉丁语教师海登莱希（Heydenreich），他把康德引向了对拉丁文学的终生热爱。对海登莱希的其他同事，康德后来评论道：

他们没有能力点燃我们心中学习哲学和数学的火星，倒是肯定能把它们扑灭。

不过，康德十六岁的时候，满足了国家强制的地方大学入学要求。

康德作为学生的早年记录显示，他很贫穷，但是有迹象显示他得到了某些同学的经济资助，以回报他对他们功课的帮助！

哥尼斯堡大学由四个传统学院组成：三个高级学院——神学院、法学院与医学院，以及第四学院或"低级学院"——哲学院。不知道康德注册的是哪一个学院，但尽管非常贫穷，他却没有追求普鲁士政府官僚职位的资质。

在 18 世纪的大部分时间里，低级学院是最有活力和最有创新精神的。因为它的课程体系并不屈从大学的要求，哲学院设置的科目包括物理学和几何学——它们是被高级学院所忽视的，神学、法学和医学，才是高级学院要保护的主要领地。

启蒙运动

重要的是，对于康德来说，哲学院是回应关于启蒙运动的当代争论的最佳场所，这场运动中科学的发展对形而上学和宗教问题产生了影响。

康德的教授**马丁·克努岑**（1714—1751）向他介绍了范围广泛的材料，包括**伊萨克·牛顿爵士**（1642—1727）的《**自然哲学的数学原理**》（以下简称《**原理**》）。

牛顿的理论不可避免地重新开启了**因果性**问题。然而，牛顿本人反对自我生成的宇宙的观念，因为他主张引力是由于上帝自身的行为。

在欧洲的其他地方，宗教受到来自科学的压力。瑞典植物学家**卡尔·冯·林奈**（1707—1778）提出了一种基于植物生殖器官的新的植物分类法（《自然系统》，1735年）。

博物学家乔治-路易·勒克莱克，即**孔德·德·布丰**（1707—1788）在他的巨著《**自然史**》（1749—1767年）中对林奈的观点提出了挑战。布丰论证说，分类不过是试探性设计，不能揭示自然的"实在"结构。

布丰接近了物种能在时间中变化的观念，这是一种预示了达尔文进化论的理论。这些观点和他对人内在于自然秩序的观念的含蓄支持，导致了他在1749年受到巴黎神学院的谴责。

关于心灵与自然的理论

那个时代的哲学家把自己看作我们现在会称之为"科学家"的人。我们当前在哲学和科学之间所做的区分，那时还不存在。甚至"经验主义的"**休谟**（1711—1776）也把他的精神哲学定义为"人性的科学"（其著作名为《人性论》）。休谟把他的哲学看作是与伊萨克·牛顿的物理探究类似的研究。

> 我的科学分支关切的是人类心灵在其活动中被驱动的神秘源泉和原则。

这些略早于康德的哲学家，为经典的"心灵与身体"（或"灵魂与身体"）问题，即**认知**研究，设置了议程，这一问题今天在实验心理学中作为"大脑与心灵"问题被研究。

其他与康德同时代的哲学家，如**德尼·狄德罗**（1713—1783），里程碑式的《**百科全书**》（1751—1772年）的联合主编，把关注点集中于生命本身的"本性"。

我们提出了一种"生命"图景，构成它的是自然力，一种在生命体自身中的去生存、繁殖和服从它们自己存在的法则的冲动。

正因为科学扰乱了形而上学的观点，所以问题就出在形而上学自身？

"我已经注定爱上形而上学，"康德在1776年写道，"虽然我不能自夸得到了她的青睐。"这种对形而上学的单恋为康德的整个生涯提供了基调和深层剧本。

什么是形而上学

　　形而上学是哲学的一个分支，它得名于**亚里士多德**（公元前 384—前 322）的《形而上学》，它是亚里士多德写于不同时间的许多论文和课程讲稿，被一个佚名的古典编辑汇集在一起。他给了这个文集《形而上学》（*Metaphysics*）这个名称，因为它讨论的主题接在自然哲学（物理学）之后，并且关注的是作为整体的实在（meta 在希腊语中的意思是高于或超出）。

　　"存在一个知识的分支，研究的是作为存在的存在和通过其本性而属于它的属性。而这与任何所谓特殊科学不同，因为这些科学没有一个是普遍地探究作为存在的存在。"（亚里士多德：《形而上学》）

亚里士多德的伟大先驱**柏拉图**（公元前 428—前 348）表达了一种关于存在的**二元论**观点。

柏拉图的《理想国》（公元前 366 年）第七卷中著名的洞穴故事展示了他的二元论系统。这个故事由苏格拉底讲述，描述了一群生活在洞穴底部的人，他们被束缚住，戴着桎梏，因而只能直视前方。

他们在洞穴的一面石壁上看到的是"拿着木头、石头和各种材料制作的器皿和动物雕塑"的人的影子。这些人在这些囚徒的身后走来走去，一条筑有矮墙的上行通路把他们分隔开。

这些人就像提线木偶戏的演员，在石壁上表演。

在囚徒和这些人的后上方燃烧着一团火，囚徒在对面石壁上看到的影子就是火光投射的。

苏格拉底说,这个故事就是人类境况的投射。

人,就像这些囚徒,远远地见证了神圣真理之火,栖居和经验的却只是真正的实在的副本。

人和"真实的"真理之光、神的超越王国隔绝了。柏拉图哲学许诺,经过一系列重生,这一统一状态可以重新获得。

对于亚里士多德，存在问题依赖于"实体"概念——那时间与变化中持续存在的东西，它不能拆分和重组，也不能分解为更多的同类事物（就像石头可以分解为石头）。

实体描述这个世界中某个人的本质，但独立于这个人是白皙还是黝黑，重还是轻，是父亲还是儿子，或者是主动还是受动这样的偶然性质。

亚里士多德相信神（"不动的推动者"），宇宙运动的创造者。他的实体理论——人是不可定义但必要的**属性**的容器——并不必然相当于柏拉图的**先验**本质。

类似于柏拉图主义，基督神学也围绕着神圣的**先验**王国和**有形**世界之间的层级对立来组织。因为二者都相信，先验王国等同于真理和本质，而有形世界是相对而言的虚假与表象的处所。

然而，尽管有这些差别，两个系统都依赖相同的基本认知，即神圣绝对的真理尽管暂时离开了人，但仍然能重新获得。

柏拉图主义与基督教都围绕着一个核心悖论旋转，它一方面坚持一个绝对（先验之物）概念，另一方面试图维持存在着一个与绝对相区别的领域或处所的观念。这个观念应用于现象领域或有形领域，它被假设为与绝对不相接触。

这种观念也可以用于地狱，它在基督教中被设计为一个不可从中获得救赎的场所——因而是存在的**缺失**或非存在。

柏拉图主义也拥有一个与基督教的地狱观念等价的概念。这就是**拟像**，指的是智者派哲学家式的绝对虚假。

勒内·笛卡尔（1596—1650）试图通过将重点转向意识问题来解决形而上学悖论，这体现在他著名的同语反复式命题"我思故我在"中（《**第一哲学沉思集**》，1641 年）。笛卡尔最终重复了形而上学的辩证法。意识或理性作为自主的存在，代替了先验对象。然而，意识也被吊诡地通过**生成**来设想。

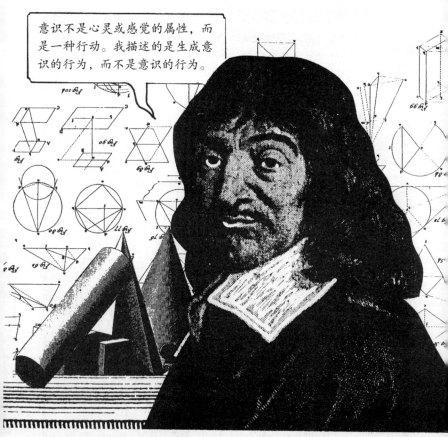

意识不是心灵或感觉的属性，而是一种行动。我描述的是生成意识的行为，而不是意识的行为。

笛卡尔的成就首先在于改变形而上学的职权范围的方式，他引入了某种怀疑论，并且将重心更多放在人类主体和自由意识的问题上。"我在自己心中经验到的意志或选择自由如此伟大，以至于我不能设想任何更伟大的官能。"

戈特弗里德·威廉·冯·莱布尼茨（1646—1716）为了探查"身体与灵魂"的二元论，提出构成宇宙的是一个个单子，它们是某种独立实体的无限集合，每一个单子之中都存在一种生命力。"身体像不存在灵魂那样行动……灵魂像不存在身体那样行动，而两者像是受到相互影响那样行动。"（**《单子论》**，1714年）

单子是自然的真正原子……它们是事物的元素。单子没有可供任何东西出入的窗户。

单子可以通过包括记忆与感知在内的"内在原则"而变化，然而上帝设定了，它们的变化与世界同步。

克里斯蒂安·沃尔夫（1679—1754）——他的著作在康德的教学中被用作指定参考书——试图把莱布尼茨的理性主义和牛顿的科学结合起来。沃尔夫承认，关于自然有很多东西依然未知，但是自然背后的规律可以通过理性主义的哲学原则来发现。

> 哲学必须具有完全的确定性。因为哲学是一门科学，它的内容必须通过确定无疑的原则，按合法的顺序推出结论来证明。（《一般哲学预备课程》，1728 年）

这种原则的一个例子是："在一给定情形中，原因的结果与原因成比例。"沃尔夫的哲学经常被刻画为独断论。然而，在形而上学的充斥着问题的历史中，可见其摇摆不定。

康德的早期生涯

很大程度上出于经济原因，康德 1747 年离开哥尼斯堡，到附近乡村当了家庭教师。后来康德说，他或许是世人所知的最糟糕的家庭教师！

1755 年，他回到哥尼斯堡的第二年，康德获得了硕士学位和作为编外讲师教学的权利。

这意味着我可以在大学里开课并要求学生付费。我在 1770 年才获得教授职位，领公家薪水。

康德在 1755 年秋开设了他的第一个讲座，借用一个教授的家，"里面挤满了数不清的学生"。

与当时的哲学兴趣相一致，康德被要求开设科目范围广泛的课程。

他一周讲课至少十六小时，外加讨论课和辅导课。

在 1759 年的一封信中，他描绘了一幅他作为编外讲师的阴郁生活的画面："我每天坐在讲台上重复着我的课，就像在铁砧旁，挥着沉重的铁锤，千篇一律地敲打……我的确最终获得了喝彩以及从中应得的收益，但同时梦想着别样的生活。"

一位康德的早期传记作家提出了一个幸福得多的画面。"康德在他的早年，几乎每个中午和晚上都花在外面的社交活动上，还频繁参加牌局，到了半夜才回家。"

　　他不是忙于聚餐，就是在很多文化人看中的小酒馆吃饭。另一个同时代人这样谈论年轻的康德：虽然他有很多思想要发表，但他如此沉溺于"社交消遣的周旋"，因而"很可能不能完成其中任何一个"。康德有很长一段时间还几乎天天和哥尼斯堡驻军的军官吃饭。参谋长冯·迈耶将军，雇用康德指导军官们数学、自然地理学和防御工事工程学。

前批判时期的著作（1746—1770 年）

在这个时期，康德为形而上学找到了一种辩护，以应对由科学发展而来的批评。他不久发现他不能证成形而上学中使用的理性主义方法，甚至开始怀疑形而上学本身。

终于，我认识到我需要构想我自己的形而上学概念和相关方法论概念——这是这个时期之后，我在关于**纯粹理性、实践理性**和**判断力**的三个批判中所追求的。

作为面对科学与形而上学二分的一种手段，康德在他 1746—1759 年的早期著作中首要的主题是自然哲学（化学、宇宙学、地质学、气象学等等）。

康德在这一主题上的想法常常是独特和高度思辨的。

我有这样的想法：火山爆发可以改变地球轴心的方向……

……地球自转周期一直在增长，这是由于月球引起的潮汐对海床的摩擦。

在他关于宇宙学的著述中，他试图调和牛顿的所谓机械论观点和神的存在的观念。康德支持无限宇宙的观念，并试图建构它延续和存在的"机械论"模型。

在《**论活力的真正测算的思想**》（1747 年）中，康德设计了一个无限的三维宇宙模型，它由世界亿万年无限延伸的兴起、衰落和再兴构成。在《**一般自然史和天体理论**》（1755 年）中，他把这一图景改变成同心的波或环，它的"波峰"是完全成形的世界的区域，而"波谷"是相互接续的混沌之域。

我论证说存在着上帝，恰恰是因为即使在混沌中，自然也能以无可逃避的规律和秩序运行。

在《**形而上学认识各首要原则的新说明**》（1755 年）中，康德重新开启了概念的亚里士多德式探究，探究被谓词定义的过程之形式与结构。在逻辑学中，谓词是肯定或否定一个主词的东西。例如，在"所有人都是要死的"中，**要死的**是谓词。

康德在这一研究中得到了亚里士多德和克里斯蒂安·沃尔夫思想的帮助。

亚里士多德的"矛盾原则"在《形而上学》中被描述为最"确定"和"无可争议"的原则："相同的属性不能同时在同一个方面既属于又不属于同一个主体。"

沃尔夫的陈述（"某物不能同时既是又不是"）则进一步试图提出，概念总是已经在一个同时性的平面上被它的谓词定义。

在《**论感性世界与理性世界的形式及其原则**》（1770 年）中，康德把形而上学的定义从"实体力量的科学"改为"人类理性限度的科学"。通过这一重新定义，康德提出对科学的根本回答在于对概念—谓词关系的**反身性**分析（"反身性"指主体对自身的行动或反思）。空间和时间被构想为这种反身性的根本要素，它们提供**经验**的条件。

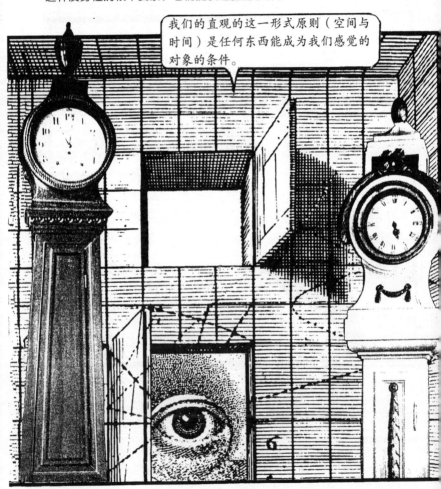

我们的直观的这一形式原则（空间与时间）是任何东西能成为我们感觉的对象的条件。

然而空间与时间只能**被直观**。这意味着时空关系只由心灵的被动接受性部分（康德称之为**直观**）所经验——它与**理智**有关的主动部分是相对的。

这就是为什么心灵的限度常常错误地被当作世界中的事物的限度。

不过，理智能综合经验。它也承认**本体**——作为"物自体"的事物——的知识。康德的哲学思想本身，与知识相关，构成了"第一批判"——《纯粹理性批判》的基础。同一思想应用于道德提供了"第二批判"——《实践理性批判》的中心内容。康德关于这一主题的思想得到了**让－雅克·卢梭**（1712—1778）的帮助。

卢梭的著作，如《社会契约论》(1762年)，关心的中心问题是主体的和公共的责任与义务。卢梭对比了"自然状态"中的人和作为"团体和集体的人"。对于卢梭，任何公共协议或决议都是"普遍意志"的主体，因而重申了调控关系的需要——如果不是欲求的话。

在公民大会中，当一条法律被提出，问人们的恰恰不是他们接受还是拒绝这一提议，而是它是否符合作为他们的意志的普遍意志。

卢梭认为"普遍意志"总是有待于发现；然而，法律的"提案"显示了它存在的可能性。

卢梭的重要影响，可能是康德为什么后来在 1797 年 10 月 3 日给他的出版商 J.H. 蒂夫特朗克的信中摈弃他自己的早期著作的一个原因。谈及他的著作的一个未来版本时，康德说："我不希望你从 1770 年以前的任何东西开始这个文集。"

康德在其论文的抄写本《**关于美感与崇高感的考察**》（1764 年）的注释中承认了卢梭的影响，他说："**卢梭纠正了我**。"

我强烈地渴求知识……曾有一个时期我认为唯有知识构成了人类的荣耀……但只有一个思考给予其他所有东西价值，即确立人的权利。

为了完成这个计划，康德着手证明欲求的限度，即确凿的义务。这是在"第二批判"——《实践理性批判》中进行的。

沉默时期（1770—1780年）

划定了他的探究领域后，康德开始了十年的工作，发展了在"第一批判"中达到顶峰的"全新科学"。从1770年到1780年的这个时期成为"沉默的十年"，因为康德在这个时期几乎没有发表任何东西。

在这些年里，康德努力实现他的观念——经常确信他接近了他工作的尾声，最终却发现没有完成它。康德1772年2月21日写信给他的前学生马库斯·赫茨，开头说……

> 我已经可以写出《纯粹理性批判》，并将在三个月内出版。

直到九年后的1781年，"第一批判"才终于出版了！

在这个时期里，康德阅读了**大卫·休谟**（1711—1776）的"经验主义"哲学。休谟的《**人性论**》（1739—1740 年）对康德的思想有决定性的影响。他认识到经验主义和理性主义（莱布尼茨、沃尔夫）可以结合起来发挥作用。

根据经验主义，习惯的产生发生于感觉之后，或继起于、关联于感觉的知识的结果——它是后天的。

这不意味着知识以感觉为基础，因为心灵就像一个弦乐器，每一次拨动之后，弦的震颤依然造成余音不绝。

知识回声般的效果是心灵深处反思原则的一般活动的结果。因此，习惯依赖于并证明着知识活动，但并不等于知识。

根据莱布尼茨，理性主义提出知识是分析的。

它试图通过从基本公理出发的逻辑演绎系统来预见经验。

这有赖于前定的——先天的——理性观念的可能性，例如上帝和无限。这些观念不能被付诸表象，然而它们是探究上帝存在或数的无限性的先决条件。因此，知识是在**表象**的缺乏和表象的要求或欲求之间的差异中获得的。

通过对经验主义和理性主义两者的思考，康德创造了一个复杂的知识模型，它克服了主体要么预见经验，要么对经验被动做出反应的简单化观念。因此，他在《纯粹理性批判》中写道……

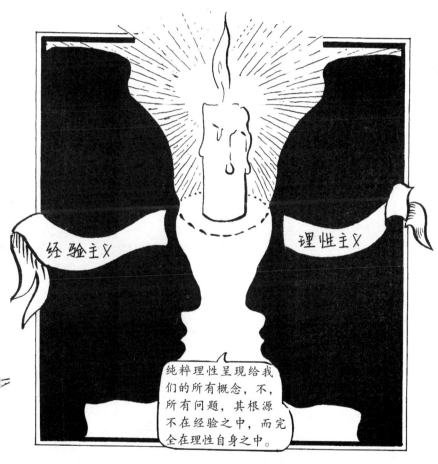

经验主义

理性主义

纯粹理性呈现给我们的所有概念，不，所有问题，其根源不在经验之中，而完全在理性自身之中。

康德把他的哲学计划确定为对理性自身的**批判**，"纯粹理性的批判，而不是学说"，这种批评的功用"应当完全是**消极的**"。通过"消极批判"，康德旨在去除任何知识能自我同一或自我**显现**的幻想。这一点可以通过**在场**和**缺席**概念来解释。

在场的概念相当于绝对存在和神圣本质这些形而上学概念，它们等同于真理。形而上学特别依赖在场概念。然而它也依赖于缺席：来自现象和有形世界的存在（相对）缺席，以及来自地狱和幻影的存在（绝对）缺席。两个概念相互依赖。这一悖论可以称为**辩证法**，其中每个项目——在场（正）和缺席（负）——都蕴含另一个，使得它们没有一个能被给予绝对同一。正是充分地概念化和构想缺席的失败，而不是通过与在场的暗含的关系，才把这个概念转化为"缺乏"概念（即在场的缺乏）。结果，在场和缺席都不能被完全地思考和证实。

这使得任何描述和表象都是成问题的，因为它总是依赖于它似乎使之在场的东西的缺席。形而上学哲学的悖论，是它们依赖于表象化的存在和主张做出这种表象的权利的可能性。然而，从逻辑的观点看，表象概念不能和绝对存在的概念相调和。如果绝对存在，它就绝对地存在，不受制于任何存在与缺失的辩证法。这会排除表象的可能性和对表象的需要。

基督教思想和实践中的任何理论争议，都可以看作发源于这一悖论。

例如，天主教和新教之间的分裂和关于弥撒的意义的相关论争……以及对形象崇拜的制裁或禁止。

这些争议与差异源于，不可能调和绝对存在（或对象）的概念与表象的概念。

康德的哲学认识到形而上学的辩证本性和限度。他提出上帝和人（的概念）不能被思维（即被表象），更不用说证明。然而，康德在《纯粹理性批判》中执着于不能证明绝对存在的问题。他寻求……

……使得一事物的不存在必然被视为绝对不可设想的条件。

其结果是，康德把先验领域和有形领域之间的传统形而上学的二元性重组为**本体**与**现象**之间的二元性。

本体是"物自体"的本性，实际上，它们受到限制，因为它们不可知。（与康德的前批判工作形成对照。）现象，或者显现于知觉的事物，建立了做出关于限定本体之必然性的判断的可能领域。

这样的判断具有绝对和客观的价值。哲学的任务就是不断致力于挫败关于在场的知识主张。

因此，康德在《纯粹理性批判》中，把哲学定义为"一切知识与人类理性本质目的之关系的科学"，或者"任何有理性的存在物所具有的对人类理性最高目的之爱"。这意味着哲学的目标（目的）与它不可能作为一种形而上学意义上的知识完全联系在一起。康德将消极批判引入哲学计划，因此可以被看作一个极其重要的**现代**步骤。

批判哲学

引论：官能

在批判哲学中，康德通过一个**官能**网络来发展他的思想。亚里士多德是第一个探索官能概念的哲学家。

在《形而上学》中，官能作为一种手段用于定义自然（植物、动物）、人和神的灵魂的不同部门。

亚里士多德没有清楚地区分灵魂和身体，但论证说存在不同种类的灵魂。最低限度的灵魂是**营养**灵魂，它存在于植物和动物之类的东西之中。接下来是感觉灵魂，它存在于一切动物之中。这种灵魂能够感知（触、味、嗅、听、视）。感觉灵魂进一步被组织到**感受**快乐和痛苦（因而有欲求）、**想象**（包括记忆）和**运动**的官能中。人具有所有这些官能，以及**理性**官能。

亚里士多德给予官能两个含义：它们指达到某个目的的力量或能力（在有一个目标时），以及改变的力量（潜能）。官能作为潜能和作为心灵能力的这个二元定义保留到了笛卡尔和沃尔夫那里。

在 1781 年到 1790 年间出版的"三大批判"哲学文本中，康德发展了存在于这个二元定义中的创造性张力。他指派给灵魂不同的属性，它们每一个自身都是一种能力。

它们是**认知**、伦理与道德**欲求**和**感受**（快乐和不快乐）。每一个官能都对应于"三大批判"之一：《纯粹理性批判》（认知）、《实践理性批判》（欲求）和《判断力批判》（感受）。

判断的潜能

康德的三个官能预示了理论和形而上学的灵魂观念的修正的定义。对于康德，灵魂是"作为物质生命之原则的思维实体"。

通过批判计划，康德研究了灵魂三分法的合法性，寻求每个官能的特质。结果是，这一划分本身，成了调和力量及其潜能的手段。划分的原则通过**判断**来探索。每一《批判》都着手确认作为生命力量的判断潜能：做出如下判断的能力……"这是知识"（"第一批判"），以及"人应当按特定方式行动"（"第二批判"）。

"第三批判"考察通过快乐和不快乐的感受来传达的判断力本身。"这是美的"这个判断与前一情感，即快乐相联系。

没有本身与后一情感，即不快乐相对应的判断。

三种认知官能

这些判断都以匿名的方式表述：它们不属于任何个别的或集体的**主体**。而且，它们不是关于某个对象或事物所做的判断。毋宁说，它们代表了不可还原为对象、主体由之而被实现的东西。

有三个主动的官能：**想象**、**知性**和**理性**，以及一个接受性官能：**感性直观**（康德经常把这个官能与想象合而为一）。

有关官能的第二设定是其凭借一个抽象图式来取代**个体**心灵的观念，它被设计来战胜在场与缺席，以及主体与客体的二分。（在场与缺席的讨论，见第49页。）

想象与反思

康德没有假设一个**先验**对象（未知的并且不可知的对象，如上帝）或一个**经验**对象（自然）作为哲学的对象或目的。相反，知性、想象和理性官能首先被视为过程来待，它们相互依赖。

这样做的好处是用意识和感受的功能问题取代主体——要么控制对象，要么依赖对象——概念。

想象官能是一种直观材料（康德称为"现象"或"杂多"）的手段，并由此提供给知性官能以**反思**的可能性。然而，在提供这种可能性时，想象不能与它自身同一。"想象是在直观中提供自身不在场的对象的官能。"

知性、表象和理性

知性官能包含在分类和整理想象官能提供给它的材料的过程中。这并不必然是一个领会过程，更毋宁说是一个**表象**过程。

因而，知性官能像想象官能一样，不能够思考或设想自身。

理性，作为"原理的官能"，通过三个**理念**（一个采自柏拉图的超验纯粹观念的概念术语）而容纳了先验或普遍价值问题：它们是**灵魂**、**宇宙**和**上帝**。

这些先天理念被知性官能当作尝试组织和解释想象官能提供的信息的方式。

理性官能的理念是"无条件的"，意思是它们不能在自身中表象于自身，而是用于实现想象官能和知性官能各自的过程。这意味着理性的理念通过另外两个官能的运行作为永恒观念而存在。

纯粹理性批判（1781 年）

引论：表象问题

在前批判工作时期，康德不断感到形而上学的辩证本性，并致力于重新思考它的限度。在 1772 年 2 月 21 日给马库斯·赫茨的信中，康德写到了对《纯粹理性批判》的计划。

> 迄今为止仍然晦暗不明的整个形而上学之谜的钥匙，将在这个问题中被发现："那在我们之中、被我们称为对对象的'表象'的那种关系的基础是什么？"

然而，康德拒斥形而上学术语中的"对象"。

048

对于他，不再有在场概念，所以缺席失去了形而上学先前提出的否定含义（在场的缺席）。

表象现在不再表象任何东西。它被纳入缺席。实际上，它就是缺席，因为别无他物。

然而，因为缺席不可范畴化，并且没有任何（与在场的）比较或对照之处，所以它必定也是不可还原的。

表象的不确定性

表象因而是不稳定的，在两个不同功能之间摇摆……

1）概念的表象或关于概念的表象：先验"对象"和 / 或经验"对象"……

2）作为表象的先验条件或"根据"。

换言之，表象既可以作为"对象"存在，又可以作为"对象"的表象存在。

哲学能描述和表象表象的本性或条件，包括它自身的表象。这就是为什么哲学依旧是具有决定先天真理的力量的先验计划。

中心问题

然而哲学一定也以不可预测的方式受到表象冲突的影响。这就是为什么哲学是**综合的**。综合的意思是……

1）**增益的**，哲学增加或扩展先前的知识；

2）**创造的**，哲学形成"外部"知识。它创造与他性（相异性）的各种关系，也被这些关系创造。

"第一批判"的中心问题是："先天综合判断如何可能？"

然而，只要哲学还能表象关于知识的判断，它就必须防范它自己的幻想和它自身的幻象，保持与它自身的反思关系。因此"批判"这个概念宣示在"第一批判"的标题中。只要它能达成这一计划，它就有权称自己是"纯粹理性"的先验哲学。

先验感性论

《纯粹理性批判》的第一个主要部分标题为"先验感性论"。

你用"先验"和"感性论"表示什么意思？

我用"先验"表示相对于经验是先天的或必要的。"感性论"不指涉艺术，而是指原始的希腊语中的**感觉**之一种，就像在"麻醉状态"中失去感觉。

康德关注感性或感性直观，想象官能与之相对应。感性是接受材料的消极能力。康德只关注这一材料采用的**形式**，而不是它的**质料**。不同于传统形而上学，康德不关注材料可能是什么和它代表什么。

形式的作用

形式使得直观的表象能被知性官能组织起来。因此，康德的工作是双重的：

1）分离出直观特有的东西；

2）吊诡地，发现了知性和直观特有的东西之间的关系。

空间和时间

知性通过空间和时间来组织形式。

有两种用于先天知识原则的纯粹直观形式，即空间和时间。
这颠倒了传统的形而上学，在那里空间和时间通过对象被认识。

这依赖于形式可以作为对象来认识，而这一"在场"正是康德所质疑的。对于他，形式通过空间和时间**形成**，因而就是空间和时间。

空间和时间的缺席

因为康德并不假设一个形而上学的在场概念，所以空间是**空的**，时间**是无限时间**——即空间和时间的缺席。

然而，缺席不可还原，并且不同于自身。因此，空间不占据空间，但它也不会消失；时间不随时间变化，然而它也不会停止。

我们永远不能向我们自己呈现空间的缺席，虽然我们能很好地把它设想为对象的空无。显像可以全部消失，但时间（作为它们得以可能的普遍条件）不能去除。

传统上，空间和时间被设想为事物存在的条件，作为包罗万有的永恒基质而起作用。康德改变这一观念，提出空间和时间不可能存在，因为空虚和无限无法被设想。正是通过它们不可设想这一事实，它们才作为先天的"事物存在之条件"而存在。

两种想象活动：领悟和再生

想象官能，通过与感性直观联系，对"杂多"（或材料）进行综合。

"我把综合理解为完全不同于表象的规整行为。"

形式，作为空间和时间，通过获得这一综合而被再生。由此达成通过想象的两个活动：**领悟**和**再生**。

这两个活动正是思维的机制，为表象产生和再生材料，虽然它们自身总是超出想象：想象不能想象或"领会"自身。这就是为什么它能够将它的发现呈现给知性，并"领悟在一个知识形式下的杂多的东西"。

知性和直观

在标题为"先验分析论"的部分，康德分析了知性官能如何把想象官能呈现的材料做成所谓"思维对象"。"没有感性，就没有对象能给予我们，没有知性，就没有对象会被思维。"

想象的功能像是被动的反衬，知性可以由之实现自身——如同想象的依附者。

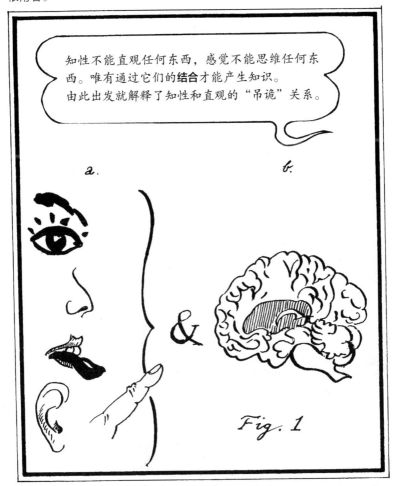

知性不能直观任何东西，感觉不能思维任何东西。唯有通过它们的**结合**才能产生知识。
由此出发就解释了知性和直观的"吊诡"关系。

a.

b.

&

Fig. 1

范畴

想象是"接受性的",而知性是形成概念(也称为**范畴**)的能力。"知性只知道一切它由概念而知的东西。"这些概念将想象给予的材料付诸表象并规整了它们。

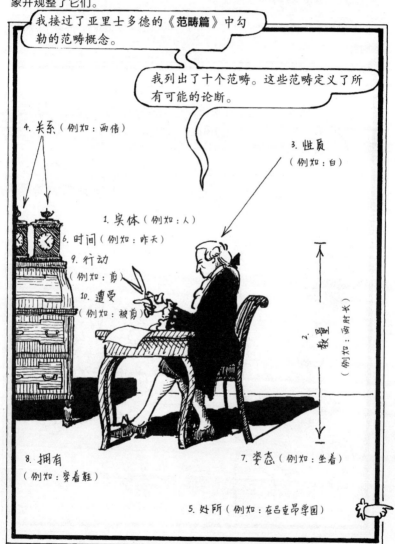

我接过了亚里士多德的《**范畴篇**》中勾勒的范畴概念。

我列出了十个范畴。这些范畴定义了所有可能的论断。

4. 关系(例如:两倍)

3. 性质(例如:白)

1. 实体(例如:人)

6. 时间(例如:昨天)

9. 行动(例如:剪)

10. 遭受(例如:被剪)

2. 数量(例如:两肘长)

8. 拥有(例如:穿着鞋)

7. 姿态(例如:坐着)

5. 处所(例如:在吕克昂学园)

康德的四范畴

康德依傍相应的判断表来重组他的概念（范畴）。它们由四个类型构成：**数量**、**性质**、**关系**和**模态**。在这一方案中，康德研究了概念和谓词之间的关系问题（见第 29 页）。

谓词——即概念依赖的条件——囊括所有主体、有些主体或一个主体（**数量**）。谓词应用于某些主体而不是另一些主体（**性质**）。谓词可以应用于所有或某些主体，而不能应用于另一些主体（**关系**）。重要的是，这没有确定，谓词是否包含在概念中（康德用**模态**称呼这一情况。）

知性如何发生

康德的范畴表展示了概念可以与谓词联系的不同方式。同时也表明谓词的功能，作为**定义**知识的过程根本不同于谓词作为知识**来源**的问题，像传统形而上学家相信的那样。

即使在我的前批判著作中，我也批评了沃尔夫那样的哲学家寻求的答案。

知性发生于过程与知识的差异中。

知性像是处于一个无望的境遇中，它被迫使寻求信息并思索它的知识的起源和因果关系——就像在这个问题中"知识是对什么的述谓？"。

但是康德没有采取消极或悲观的观点。首先是因为知性不能把知识的来源归于想象，即使它通过对范畴的使用而认识到一种依赖感。

这样一来，知性不可能处于一种服从于想象的状态。

通过这一发现——我的"哥白尼式革命"——我能够确认知性的限度。

为什么康德要在他和我哥白尼之间做类比呢？

康德的"哥白尼式革命"

哥白尼（1479—1543）提出地球围绕太阳旋转来取代以人类为中心的宇宙。康德提出意识不再由先验或经验对象来定义，或对之负责（一种"知识复合对象"的情形），在人和（他的）意识之间引入了一种分立。

这回答了康德的问题："*Quid facit*?"（什么是关于知识的事实？）

康德提出，谓词和概念之间的综合由知性来**实现**。这给予知性凌驾其他两个官能的合法权利，并回答了康德的问题："*Quid juris*?"（知识拥有什么权利？）

图像（材料）如何可能

"纯粹理性把一切事情都留给知性——知性单独直接应用于直观的对象，或毋宁说，对象在想象中的综合。"

康德用想象中的被他称为"图型"的"图式"，核准知性的合法权力。

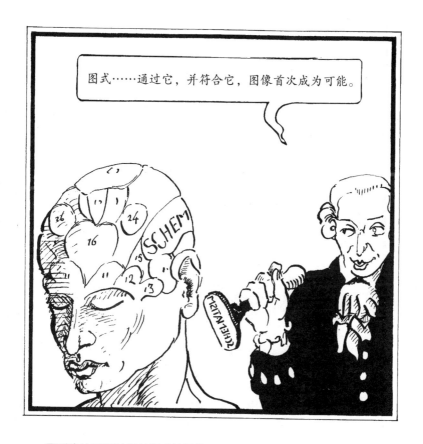

图型确认了通过想象呈现的图像（即材料）是不可还原的，因此像语言（字母的图式）一样能被知性发现和付诸表象。然而，图型仍旧是一个过程："隐藏在人类灵魂深处的技艺，其活动本性的真正模式很难让我们发现并让我们凝神细查。"

知性和统觉

　　自我意识——觉知"我思"——产生于知性对它完全分离于想象但又蕴含于、生成于其过程的认知或**统觉**。

　　我称它纯粹统觉……因为自我意识尽管产生"我思"表象……但自身不能伴随任何进一步的表象。

　　通过超出可能经验的理性的理念，知性获得了把它的概念应用于一切可能经验的对象的权利。

康德讲道，理性说"一切犹如……一样发生"。理性作为一切条件的绝对条件而存在，但这并不限制知性把各种概念应用于可能经验的对象。对于知性，一切事情就像理性**缺席**一样发生着。

理性的缺席保证了一切事情的发生。然而，如果不将一个形而上学对象付诸表象，就意味着无物发生。没有什么活动——没有主体或客体。

当康德确认"没有什么发生"时，他也认识到不**会**发生任何事情让主体见证或付诸表象。由没有事情发生这一事件，主体被驱逐，甚至正是思维它和确认它的活动使它缺席。这似乎是不可思议的事：对"无"的思考不同于无"自身"——或者"过程"不同于"对象"，"概念"不同于"观念"。

理性的帮助

知性不能仅凭自身来处理无这个抽象的先天观念。它要求理性的帮助，虽然这不影响它相对于理性和想象的优势。

理性官能的功能是，既服从于知性官能，同时又将自身赠与知性。

既然理性不在确定边界内运行，它的服从和赠与的双重活动就不能归属于一个慷慨、神圣的或超验的源泉。

通过理性的活动，知性获得了对想象官能和理性官能立法的权利。因此，（由知性）立法和（同样由知性）确认判断是理性赠与自身的两种实现形式。

知性的幻象

康德说,知性的版图就是"真理的领土"。然而,它也是"幻象的故乡,在那里有重重雾障和许多快速融化的冰山,给出更远处有海岸的骗人表象,诱骗冒险的航海者重燃空幻的希望"。

幻象不断妨碍知性的反思能力,导致它把**实现**意识的力量和**控制**意识的力量相混淆。

虚假观念的产生是不恰当地考虑理性的理念造成的。

纯粹理性的谬误推理

在"第一批判"的另一个名为"先验辩证论"的部分，康德展示了关于**灵魂**、**宇宙**和**上帝**这些理性理念的虚假理念如何能产生。让我们从关于灵魂的虚假观念开始：灵魂能通过"纯粹理性的谬误推理"产生，即通过从前提到结论的推理而产生。

康德列出四个可以从知性判断"我思"导出的谬误。每一个都依赖导致"形式上的无效结论"的"一个先验根据"。

在每一情形中，前提都是思辨的。它确认了主体概念，但仅当主体由a）与它自己的意识相分离，和b）与一般意识相分离之间的差异构成时。

1. 前提："必然地，思维的主体是主体。"
2. 结论："思维的主体必然是主体。"

1. 前提："自我不能分割为部分。"
2. 结论："自我是单纯的实体。"

1. 前提："当我有意识时，有意识的正是同一个我。"
2. 结论："当我有意识时，我意识到同一个我。"

1. 前提："我可从独立于一切东西，包括我的身体，来思维我自己。"
2. 结论："独立于一切其他东西，包括我的身体，我能思维我自己。"

结论试图令前提更稳固，使得主体被虚假地看作是自主的。

纯粹理性的二律背反

接下来，虚假的宇宙观念可以通过"纯粹理性的二律背反"产生，即通过**正题**和**反题**的推理而产生。康德列出了这些被假设为相反的论证或二律背反。

正题："世界在时间上有开端，在空间上有界限。"

正题："除了简单的东西和简单的东西的复合物之外，没有任何东西存在。"

正题："因果性与自然和自由的法则相符合。"

正题："在世界中有绝对必然的存在者，它要么是世界的部分，要么是世界的原因。"

二律背反带来经验探究范围和理性理想的自负之间的不匹配。正题把世界表象为有限的，然而依赖无限观念和绝对者；反题则把世界的无限和绝对者合为一体。

在介绍二律背反时，我希望把理性从虚构信念的迷梦中摇醒。

反题："世界在时间上没有开端，在空间上没有界限；它在空间和时间两方面都是无限的。"

反题："在世界的任何地方都不存在单纯的东西。"

反题："不存在自由，世界上的一切都依照自然法则发生。"

反题："世界任何地方都不存在绝对必然的东西，它也不在世界之外作为其原因而存在。"

纯粹理性的理想

虚假的上帝观念可以通过"纯粹理性的理想"产生，即通过**本体论**（存在的本性）、**宇宙论**和**心理学—神学**的推理，被提出来确立上帝的存在。

1）**本体论**——论证从最高存在的先天概念中获得线索。

2）**宇宙论**——论证从一般的经验世界的本性中导出。

3）**心理—神学**——论证从特殊自然现象出发。

不论是提供上帝存在的知识还是不存在的知识，康德都保持怀疑。

自由思想者将从什么来源得出他声称的没有至高存在者的知识？这个命题在一切可能经验的领域之外，因而超出人类洞见的限度。

在主张知道或不知道对应于理念的对象时，理性依旧处于接近战争状态的"自然状态"。当理性服从批判时，伴随自然法则的作用，和平就统治着完善的文明状态。"一切关于纯粹理性的哲学，最伟大的或许唯一的用处，只是具有防范错误的谦逊的价值。"

通过批判，先验问题保留下来，而理性将自身赠与知性仍然有其价值。

康德的中期岁月

1770 年，康德终于从编外讲师晋升，获得逻辑学与形而上学教授的席位。教授席位意味着他可以得到公家薪水，不再依赖学生付的学费。

这也意味着我可以放弃我在 1765 年获得的弗里德里希·威廉二世国王皇家城堡图书管理员的职位。

康德成为在哥尼斯堡大学提倡重新思考哲学地位的领军人物。他也相信理性的公共使用——哲学应该教给年轻人和民众。

为了获得他的哲学教席，康德被要求写作一篇论文，即**《论感性世界与理性世界的形式及其原则》**。

这是一篇关键作品，总结了他 1750 年代和 1760 年代的成果，并为《纯粹理性批判》和《实践理性批判》准备了基础。按照大学官方规则的要求，康德的这篇论文和以前的论文都是用拉丁文写的。

与康德教授共进午餐

在他的中期和晚期岁月里，康德每天招待朋友吃午餐。这些午宴一直进行到下午四点或五点。他的客人由上层人士组成：将军、贵族、银行家和商人。

康德的一个熟人 R.B. 雅赫曼对他的烹调偏好做了说明："他的菜单很简单：三道菜，然后是奶酪。夏天，他在面向花园的敞开窗口前吃饭。他胃口很大，他特别喜欢肉汤和粉条大麦汤，烤肉总是会端上桌，但从没有家禽。康德通常从鱼开始吃，并且每道菜都加芥末。他酷爱奶酪，特别是英国奶酪。如果客人数量很多，会上蛋糕……他喝红葡萄酒，通常是梅多

克，每个客人面前都放一瓶。他也喝白葡萄酒，作为缓解红葡萄酒留下的酸涩的一种方式。餐后他喝一杯温热的、有橘子皮气味的甜酒。"

　　除了这些日常的友好午宴，康德精心地守护着他的隐私。1778 年 4 月写给他的前学生马库斯·赫茨的一封信，透露了他需要限制社交关系。"如你所知，获取金钱和宏大舞台的兴奋感并不怎么打动我。依次被工作、思辨和我的朋友圈占据的平静状况，非常适合我的需要，在其中，我那易于被打动但不关心其他事务的心灵和我那敏感但从不生病的身体，以一种悠闲松弛的方式忙碌着，这是我希望并且已经拥有的一切。任何改变都令

我忧虑，即使它给予改善我的生活条件的巨大前景。并且我的以下自然本能说服了我：如果我希望命运之神为我纺出的如此细弱的线能延伸得长一些，我必须小心谨慎。因而，我非常感谢祝福我的人和我的朋友，他们非常善意地保障我的福祉，但同时又接受我最谦卑的要求，保护我在目前的状况下不受任何打扰。"

康德既没有和男性，也没有和女性形成任何亲密关系。

他补贴他的弟弟和妹妹，但谨慎地和他们保持距离。他长达二十五年没有去看望他们，直到他最后生病时，他的一个妹妹在他床边照顾他。

在这些岁月里，康德的生活被安排得极其有规律。每天早上 4 点 55 分（就是他出生前一刻），他的男仆，曾在普鲁士军队服役的兰珀，走进他的卧室，用一种不祥的喊声把他叫醒。

他在 5 点钟吃早饭，然后用上午的时间写作或讲课。中午 12 点 15 分，他会吃午饭。在他一生的大部分时间，午饭之后的独自散步如此准时，据说哥尼斯堡的居民都以此来校准他们的时钟。散步结束后，康德会阅读到晚上 10 点。

《实践理性批判》（1788 年）

康德的《实践理性批判》写于美国独立战争结束后的第五年，法国大革命的前一年，其中处理的是自由和普遍的道德法则。这些问题在当时的欧洲和美洲引起深切的共鸣。

德国作家**海因里希·海涅**（1797—1856）提出，康德写《**实践理性批判**》是为了安抚他的仆人兰珀！

"第二批判"经常被解读为具有宗教维度的文本，特别是它对道德法则的肯定。但是，与海涅的估价相反，人们会发现康德的道德法则概念依然保留着他以前的书中的批判怀疑论。

预定论或自由意志？

　　康德的《实践理性批判》的历史和哲学背景是围绕预定观念的争议，这个种观念因**马丁·路德**（1483—1546）、**约翰·加尔文**（1509—1564）和天主教会之间的辩论而达到白热化。这些辩论的背后原因在于各方都不能调和**自由意志**的概念和预定观念（主体不能掌控自己的命运）。加尔文相信预定。路德和天主教会则就个体有没有向上帝祈祷的权利，且个体的祈祷能否成为影响灵魂的良善的一种方式而展开辩论。

这些辩论一直延续到 18 世纪。通过他的虔敬派教育，康德被教导要去相信奇迹和神的干预，这些信念倾向于取消预定问题。

理性主义提出，自由意志兴起于知识的产生（哲学）和自然（自我产生者）之间的差异。但理性主义仍然被迫通过更高的存在或善或价值，来限制这一"差异"（即自由意志）。

自由意志与欲求

在"第二批判"中，康德说"实践兴趣"指"一切通过自由而可能的东西"，特别是它与自由意志相关。

自由意志是可以独立于感性冲动而被决定的意志。它考虑的唯一对象是无条件的道德上的善。

《实践理性批判》中的最高问题是更高的官能或欲求存在与否。"欲求"的意思是，在自由意志的运用中什么是"道德上善的和有用的"。这与两个进一步的问题相联系："我应当做什么？""我可以希望什么？"。

道德榜样

关于给道德行为提供榜样，康德抱持怀疑态度。他发现所谓行为的榜样形式必定充满矛盾。康德引用了一个案例，一个人在海难中拯救了他人，但在此过程中失去了他自己的生命。

在尊重他人的生命的同时，他没有尊重自己的生命。

关于为国牺牲，也出现了类似问题。"更具决定性的例子是，一个人为了保卫他的国家而慨然牺牲自己的生命，而为此目的自发自愿地牺牲自己是否是一个如此完全的义务，依旧是个令人不安的问题，"康德下结论说，"这种行为自身并不并具有示范和激发人效仿的完全力量。"

对于康德，道德矛盾导致道德困境。康德讲了一个故事，一个人被暴君要求，要么出卖一个值得尊敬的人，要么面临死亡。

然而，康德论证说，存在可以认识的、要履行的"无可例外的义务"的例子。他引用罗马作家**尤维纳尔**（Juvenal，60—130）的《讽刺诗集》第八卷中的一个段落："让读者生动地感到存在于作为义务的义务的纯粹法则中动机的力量。"

做一个勇敢的战士，一个忠诚的卫士，一个不受腐蚀的法官；如果受召唤在疑难的案件中作证，即使法拉里斯搬出他的牛，并命令你作伪证，请把一切罪恶中最大的罪恶和值得尊敬的完善生活比一比，并且和失去一切让生活值得过的东西比一比。

法拉里斯，阿格里根图姆的暴君，他有一个铜牛刑具，受害者被放在里面烧烤至死。

对于康德，尤维纳尔的要求有助于强化灵魂，提升心灵。但它们不能被当作道德行为的榜样。

正因为没有道德行为的榜样，所以不可能为道德举动提供准则、公理，包括常理。康德讽刺地说，这种常理千篇一律地假设了道德行为导致幸福。有时它达到这样的程度，以至于"人们已经想要宣告欲求幸福是普遍的实践法则"。

如果幸福被作为人们欲求的首要目标，其结果将是和谐的极端对立面，彻头彻尾的冲突，以及对这个准则及其目标的完全摧毁。

为什么会这样？

因为所有人的意志没有同一个目标，而是每个人心中都有他自己的福祉。

为了展示这种冲突，康德引用了一对将要自杀的夫妇之间的誓言："美妙的和谐——他想要的，也是她想要的。"

实践理性的二律背反

把幸福树立为道德目标的问题是它不能与道德上的德性（即追求道德目标依凭的手段）统一。这一矛盾构成了"实践理性的二律背反"的基础。

正题说："对幸福的欲求必定是德性准则的动机。"

而**反题**提出："德性准则一定是幸福的有效原因。"

无条件的自由

　　根据康德，道德状态依赖自由，必须"自发地"发生，独立于因果关系。这意味着德性和幸福不能相互述谓。想要把其中一个作为另一个的谓词，将涉及通过把自由定义为第三项或其他项的条件而故意歪曲自由。

　　以这种方式，康德确认自由**是**自由的，独立于人类的欲求。

"第二批判"的核心关切是，把自由作为幸福和德性之间（无）关系的无条件项这一法则来加以断定。由此，它关联到幸福和德性之间（无）关系的原因和产物。

　　康德重新使用了**想象**、**知性**和**理性**这三个官能来概述幸福、**德性**和**自由**之间关系的根本上的不稳定本性，在这些关系涉及的项目中，没有一项能作为另一项的条件。

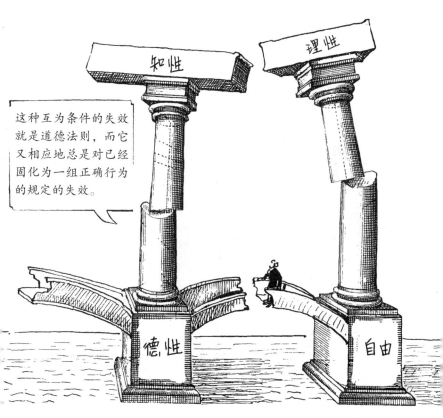

　　康德的兴趣在这一"失败"过程中关注的是道德法则不断成功地使自身不能被（知性）表象的努力。法则，作为法则，总是**试图**成为法则。

努力与牺牲

　　这一道德法则努力获得表象的问题，引导康德重新理解**牺牲**（或自我牺牲），特别是重新评估基督教的牺牲观念。

　　康德通过考察诸**官能**的功能达成了这一重估，虽然这次这些官能的关系与"第一批判"中提出的关系不同。

重新思考官能

在"第二批判"中，理性官能成为立法的官能，并将道德法则加于知性和想象这两个官能。

理性的法则是由更高的道德批准的，然而它也是这更高的道德自身。

理性
=
立法官能

知性

想象

它既是**本质**，又是**表象**。在它是本质的范围内，理性的法则独立于其他两个官能，然而，在它是（法则的）表象的范围内，它可以被带入意识，并组织为知性官能进行的思考。然而，归根到底，这一思考不能与知性概念融贯一致。

道德理想的绝对缺席

康德不问"理性的法则如何确立？"，相反，康德能够免除对其源头和起源的任何追问。

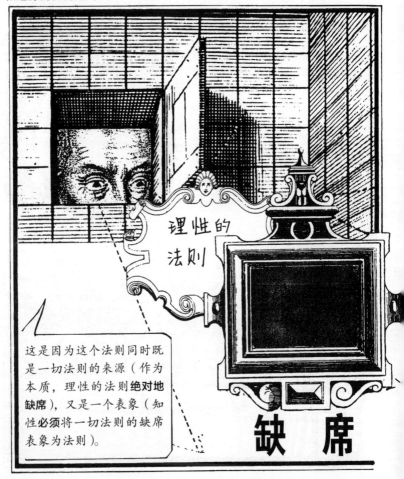

这是因为这个法则同时既是一切法则的来源（作为本质，理性的法则**绝对地缺席**），又是一个表象（知性**必须**将一切法则的缺席表象为法则）。

理性作为一切道德理性或更高目的的绝对缺席而活动。因为这一缺席是绝对的，因而知性把关于绝对道德理性和更高目的的缺席的意识表象为一个法则。

意识的限度

在"第一批判"中，康德有一次被迫为知性的所谓"意识"来划界。从根本上说，"意识"绝不能被看作自身构成为绝对表象的什么，因为，如果它要这样做，它将重蹈形而上学矛盾。

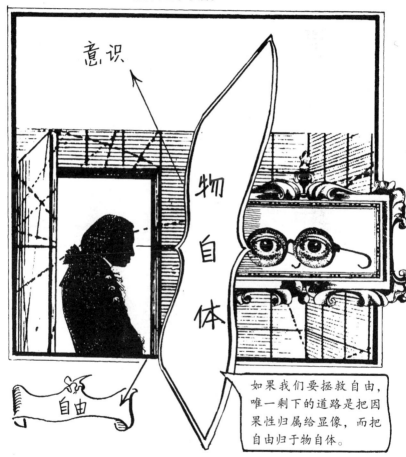

自由通过作为**本体**（物自体）的理性观念来活动，同时，知性对支配自由的客观原则持续而徒劳的搜寻则位于显像和幻象中。

纯粹自由和求知欲

康德似乎重复了传统形而上学的二分，其中自由是一个先天原则，而求知欲则缺少真正的实质。但这被证明并非事实。康德仔细审查了知性的无助和误入歧途的境遇。他断言这一境遇展示了**纯粹自由**（理性）和**求知欲**（知性）之间的根本差异。

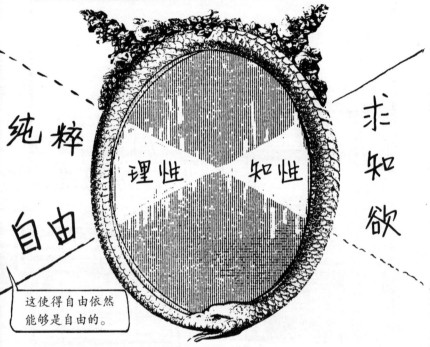

纯粹

自由

理性 知性

求知

欲

这使得自由依然
能够是自由的。

它也使因果问题保持开放，因此保证了思辨，当受到知性和想象相互作用的鼓励时，是自由的。

实际上，这是作为表象失败的道德法则概念。

道德 法则

道德法则概念不等价于自由，因为自由不能被限制在道德法则中。相反，自由是一个思辨理性的理念。

自由的牺牲

思辨理性的理念是在《纯粹理性批判》中被引入的，通过三个概念来刻画——作为实体的主体、作为序列的世界和作为系统的上帝——它们早已被献祭给知性。现在自由概念又被添加给这三个概念。

表象失败的道德法则并不引起自由概念。相反，自由被永久地牺牲，以引出表象失败的道德法则。

虽然自由被设想为绝对，但它从没有在**形而上学**意义上存在，因为它的存在总是受牺牲的制约。

本体或"物自体"

在《纯粹理性批判》中，知性拥有它没有能力形成"物自体"（本体）的意识的"意识"。物自体栖居于知性意识之外的某个位置上。正是物自体的这一缺席允许知性形成外在于它的某物的意识或表象：理性官能。

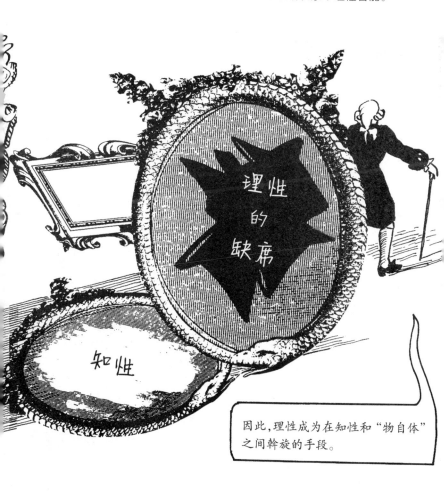

因此，理性成为在知性和"物自体"之间斡旋的手段。

换言之，知性关于"物自体"缺席的意识，事实上是**理性的缺席**的意识。

哀悼与牺牲

可以说《纯粹理性批判》的目的是哀悼那原本可以把"物自体"呈现给知性的东西，即理性。

在《实践理性批判》中，情况大大地改变了。知性不再拥有这样的关于理性的"意识"：知性的表象总是业已分崩离析。这是因为知性和理性之间发展出的相互作用不允许一种悲伤或哀悼的感觉。理性官能作为知性悲伤的"对象"完全消失了。

留下的只是理性的牺牲。

遭受理性的缺席

知性并没有像基督教看待基督的牺牲那样，以感激的方式接受理性的牺牲，甚至没有丝毫感激。相反，它被知性内化，并且更多地以痛苦或受苦，而不是悲伤的方式被"表象"。

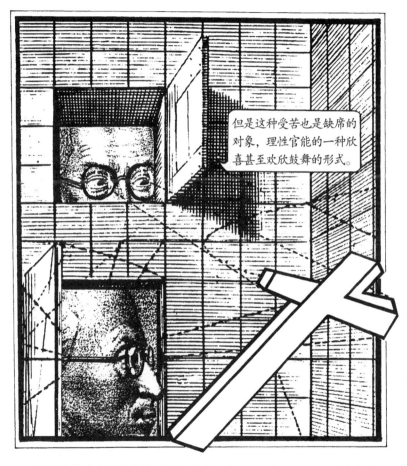

但是这种受苦也是缺席的对象，理性官能的一种欣喜甚至欢欣鼓舞的形式。

这种痛苦感也由道德律对想象的作用构成。想象的"屈辱"的发生，是它与另外两种官能分离的结果，因为它现在不能将任何意识形式提供给知性。（另外，想象的作用在《实践理性批判》中没有被强调。）

理性存在者的自由

　　理性和知性之间的关系定义了自由概念，虽然自由自身仍然与这种关系保持独立，因为它总是已经被牺牲。在这一方面，康德把自由归于"物自体"。因而，本体必须被设想为自由的。对于康德，这种思想的可能性蕴含着，主体是自由的，是一个理智或理性存在者。

　　因而实践理性不是自由本身而是自由的结果。康德称实践理性和自由之间的这种特殊关系为**道德法则**。

超感觉系统

道德法则一方面在想象和知性之间斡旋，另一方面在想象和理性之间斡旋。

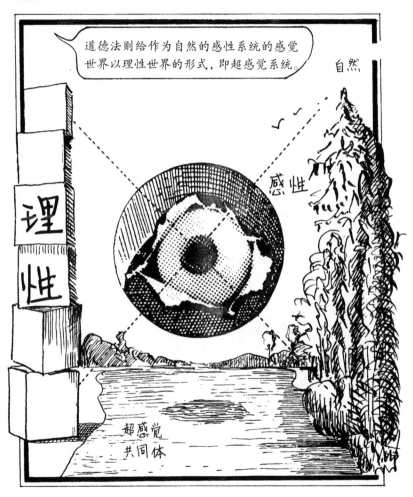

道德法则给作为自然的感性系统的感觉世界以理性世界的形式，即超感觉系统。

自然

感性

理性

超感觉共同体

主体必须被设想为理智共同体或超感觉共同体（"目的王国"）的被赋予自由因果性的成员。

服从法则

在知性和理性之间的牺牲关系之外，康德首先提出了一种思想（作为"物自体"的自由）的可能性，其次，提出了一种思考这种思想并因而是超感觉共同体成员的主体。

但这一法则不仅仅是绝对主体。作为"自由王国"的成员，主体不只是从属于法则，而且也是法则的制定者——他既是服从者，也是立法者。

思考自由的自由

> 人的尊严恰恰在于他制定普遍法则的能力——虽然仅在他自己也服从他制定的法则的条件下。
>
> (《道德形而上学的基础》，1785年）

　　换言之，主体由自由思想决定，或者至少受它制约。但是，主体也自由地思考这一自由思想——他必须绝对自由地思考绝对自由。在某个意义上，主体是自由观念的始作俑者，因为这个观念是自由的并且不属于任何人。这就是康德说主体被赋予自由因果性时所意味的东西。

定言命令

"纯粹实践理性的根本法则"被称为**定言命令**。根据康德，定言命令的命令是这样的：

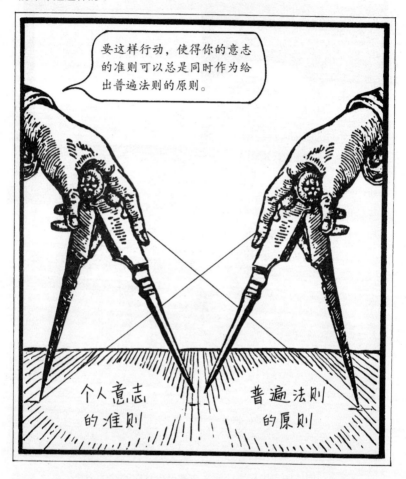

> 要这样行动，使得你的意志的准则可以总是同时作为给出普遍法则的原则。

个人意志的准则

普遍法则的原则

"给出普遍法则的原则"指的是**感性系统**和**超感觉系统**（想象／知性和理性）之间差异的形式。康德主张道德行动是那些确认这个原则的行动，不是以自由（那是不可知的）的名义，而是作为自由的**结果**。

避免错觉

对于康德，主体既不与理性官能同道，也不与知性官能同道。换言之，主体既不受自由的牺牲过程（理性）约束，也不受这个过程的破碎思想（知性）约束。相反，主体位于过程和思想之间的，以及能力和行为之间的差异中。

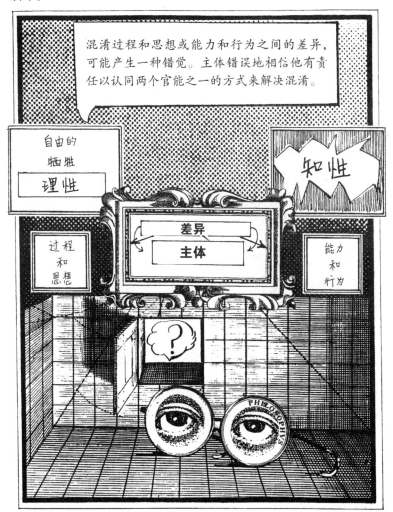

混淆过程和思想或能力和行为之间的差异，可能产生一种错觉。主体错误地相信他有责任以认同两个官能之一的方式来解决混淆。

自由的
牺牲
理性

知性

过程
和
思想

差异
主体

能力
和
行为

寻求自我满足

康德警告说，道德行为是单纯的，不产生正确观念（准则）。主体不应该通过行为寻求幸福，也不应该通过创立或遵循道德教条来追求幸福感。

这里，处于虔诚感中并不必然意味着"不需要任何东西"，而是处于绝对需要中——一种自发地绝对无私却投身于人类利益的需要。只有这样一种需要是能用必然保持无动于衷的差别来得到满足的。

道德法则不能被表象

存在自由意志的主体，是作为自由因果性的结果在理性与知性的差异中创造的。自由因果性是存在与创造之间的差异。自由意志的主体形成总是缺少对象的准则，这归因于理性和知性之间的牺牲关系。因此，自由意志的主体依赖于表象的缺失和牺牲。这给出了被称为**定言命令**的准则。

定言命令蕴含着，主体必须按照道德法则的观念行为，即使这一法则不能被表象。

作为批判，《实践理性批判》的目的是防范统一表象（知性）与自由（理性），保持两种官能的差异，尽管它们不可分割地联系着。

康德的身体妄想

康德痴迷地关注他自己和他人的身体健康。他似乎厌恶体液，并拼命不要流汗。他的一个传记作者记录道："即使是最闷热的夏夜，如果最轻微的汗迹弄脏了他的睡衣，他就会着重谈到它，就像一个令他十分震惊的事故。"

康德的卧室从来不取暖，即使是最寒冷的季节；但他的书房一年四季都保持在华氏75度。一个同时代人这样描述他的身体外表："比灰尘还要干燥……他的身材矮小；可能地球还没有出现过比他更羸弱、更清瘦、骨骼更干枯的男人。"

　　康德发展了一种白天晚上都只用鼻子呼吸的技能，因为他相信用这种方法才能消除鼻炎和咳嗽。作为他的呼吸方法的后果，他拒绝在他每日散步时有人陪伴，因为对话会迫使他在室外空气中用口呼吸。

《判断力批判》（1790 年）

　　研究了关于知识的判断（"第一批判"）和关于道德的判断（"第二批判"）后，康德转向了**判断力**本身。"第三批判"肯定，判断是一种人人必定具有的普遍能力。这样，判断就不只是一种辨别或选择的能力。它通过和谐（美）或者牺牲（崇高）超越了这些过程。

　　审美判断或**品味判断**，被分别与美与崇高相联系而加以探索。

在名为"品味的辩证法"的部分中，康德提出了**品味的二律背反**。

正题：品味判断不以概念为基础；因为否则人们就能就它进行争论，并通过证明来判定。

反题：品味判断以概念为基础；否则人们不可能要求其他人同意。

这一问题的解决背后的推理展示在分析美和崇高的部分中。

对美的分析

对于康德，有关美的判断不是关于感觉的"惬意或不惬意"。它们不可被还原为愉快问题，它是"被动的快乐，受冲动的病理性调控"。愉悦总是一种主观的和个人的品味，不能与普遍感受相匹配。

例如，这适用于花香。我们不能确定一个人获得的感觉是否与我们获得的感觉相同。

感性的愉悦依赖鉴赏力，它是一种联系和比较的感觉。它在"草坪的绿色"的愉悦或"小提琴的音调"的愉悦中发生作用。这也是为什么"叶纹"受到喜爱，因为人们从"随意缠绕的花、自由的图案和线条"中获得了快乐。

判断和感受

要产生关于美的判断，要有几种活动。就像在"第一批判"中一样，想象直观材料（空间和时间）并将材料呈现给知性。但与"第一批判"相反，知性不把这一直观转化为经由范畴寻求论断。这是因为一种非认知的感受伴随着直观，它代替了使用范畴的需要。

我们直接将知觉快乐（或不快乐）的感受和与对象呈现相伴随的兴趣联系起来，并用它取代了谓词的作用。

判断和形式

关于美的判断依赖于"不被感觉干扰和妨碍的"**形式**。这一**形成**过程包括想象和知性。想象将（自然）形式呈现给知性，对于它们不能形成确定的概念。呈现给知性的东西只是与它形成概念的"能力"相符合，即形成意识的能力，而无视没有意识对象这一事实。

这产生了美的品味的**无关兴趣的**判断。

> 它只是**沉思性的**，不是认知判断（不论是理论的还是实践的），并因此不以概念为**基础**，或以它们为**目的**。

康德的"无兴趣"概念经常遭到误解。他用它表达什么意思——并且他是如何达到它的？

在与判断的关系中的未知者

无兴趣判断的感受根本不同于有其自身兴趣（例如知性的立法活动对思辨知识感兴趣，而理性对实践欲求感兴趣）的其他类型的感受。

"第一批判"和"第二批判"致力于确认发生了超出主体的知识和欲求的事情，而"第三批判"则主张未知者（或者未认识者——知性未能形成概念者）。

康德提出，未知者要求绝无表象。因而，未知者并非如同在形而上学中那样，与隐含的在场相对立，或与之辩证地相联系。

相反，未知者呈现为一个不能得到回答或解决的无休止的问题——即使对于一切意象和目的来说，它都要求回答和解决。

康德试图通过在某种意义上外在于一切概念的过程，把**无**塑造为疑难的——而不仅仅是"缺席"。

感受在判断中的地位

感受介于想象与知性之间。感受延迟甚至阻碍知性应用范畴，使之不能从这种感受提出任何述谓**原则**。因而，真、体面或正义等观念无用武之地。

因而，关于美的判断被定义为"无兴趣的"。

然而，虽然这样的判断不应用于任何概念自身，但它们显示了知性**形成概念的能力**。

思维的感受性

康德并不关心发现美的本质，他也不希望通过把美和对象或人的特殊属性相联系而规定美的经验。

康德提出美促使知性去思索。因而，美是纯粹感受。但是，它也是**思维的快乐**。

我们对对象的日常领悟是凭借与知性（我们的概念能力）相联系的想象（我们的直观能力），我们从美中得到的快乐就是与此相伴随的快乐。

思维拥有它自己的感受性，它将知性从想象中分离。但这意味着知性不再支配想象。知性创造感受性，而不只是接受和转换它。这保证了两种官能和谐地运行，并获得相当于品味的普遍判断。

> 我们必定有资格先天地假设表象与这些判断力条件的和谐对每个人都有效。

由此可以得出康德的**共感**观念，这是所有人"共享的感觉的观念"。

设计的先天性

康德关于什么构成审美判断的形式的思想，无疑受到基于历史—文化条件的观点的塑造。他说颜色和声音并不定义自然的"形式"：这些只是补充和"使表象生动"的"点缀"。

康德重复了意识的感性方面和理智方面的对立，至少从 17 世纪起意大利的画家和艺术家就已经对它进行争论——关于 *colore*（色彩）和 *disegno*（设计）。

彼得·保罗·鲁本斯（1577—1640）代表色彩倾向，而**尼古拉斯·普桑**（1594—1665）则倾向于设计。

自然对人为

康德说只有联系自然才能做出关于美的判断。因此他的名言是，离开博物馆转向自然美的人值得敬重。对于康德，人为是欺骗的一种形式。"我们有这样的例证，某些客栈主人对客人耍花招，在灌木中藏一个调皮的年轻人（嘴里含着一个舌簧），他知道如何以非常接近自然的方式模仿夜莺的歌声。但是一旦一个人发现这完全是骗局，没人能再忍受这种先前他认为非常诱人的歌声。"

但是自然倾向于隐藏它的美，而艺术被要求给予它一种设计感或目的感。只有通过好的艺术才能达到这一点。

自然、设计和装饰

　　康德对人为的偏见是不彻底的。他对设计的定位不是与自然相联系，而是与视觉艺术相联系，包括绘画、雕塑、建筑、舞蹈和园艺。设计"要么是形状的演出（在空间中，即模拟艺术和舞蹈），要么只是感觉的演出（在时间中）"。

> 但即使在艺术中，设计也总是已经外在于对象。也正是它给予附加物或附属物吊诡的本质。

　　"即使我们称为装饰（附属物）的东西，即不是作为内在构成成分而属于对象的整体呈现的东西，而只是外在附加的东西，也的确增加了合乎我们的品味的欢喜，而它之所以如此也只是因为它的形式，就像画框，或雕像上的帷幔，或围绕宏伟建筑的柱廊。"

天才转换自然

　　自然似乎隐藏自己的设计。"我们如何解释自然为什么如此大量地把美到处传播，甚至在海底？"

　　康德用以统一自然形式和艺术形式之间矛盾的手段，是通过**天才**人物。换言之，天才是自然可以被看作将自身变形为艺术所凭借的催化剂。

　　天才是好的艺术家。好的艺术区别于手艺（例如制造钟表和打铁）和"惬意的艺术"（例如"布置桌子的艺术""讲有趣的故事""用玩笑和笑话引起欢笑声"）。

艺术的顺序

对于康德，按优先顺序，主要的好的艺术是：诗歌、演说、音乐、绘画。诗歌"等级最高，因为它使心灵变强大：因为它让心灵感到它的能力——自由、自发和独立于自然的决定——去沉思和判断现象的自然"。

天才的浪漫观念

康德重复了很多关于天才的典型的浪漫观念，以及它在形而上学的神圣观念中的起源。在18世纪，天才的来源更多地被看作一种与生俱来的权利，来自自然的馈赠，而非神恩。

康德的天才是个男子，他的工作是绝对原创的，表达了内在的活生生的精神天才都通过挑战常规来突破传统。由于其示范性，天才的艺术注定被他人模仿，甚至产生了追随者和拥护者的派别。然而，它只能被别的天才理解和欣赏，它是讲给他们的。但天才的作品的目标不在于被另一天才模仿，而是要被大众追随。

天才与变形

　　康德对天才的分析比典型的浪漫主义观点更复杂，触及面更广。康德提及天才艺术中的"变形"，它是天才揭示"幻象**是**实在的"方式的后果。

你为什么说"变形"？

因为实在是不可知的。

　　想象为知性牺牲，或被知性变形。只有塑造概念的形式存活下来。换一种说法，自然变形或牺牲自己以成就**艺术**。艺术表现这一牺牲，但它不理解它。因此，艺术是拯救，是牺牲与形式的残余物。

　　天才表现总是业已缺席的东西（"对象"）。这既应用于"不可分者的观念，应许之地，罪恶之地，永恒，创造"，也应用于"死亡、嫉妒和所有其他邪恶，以及爱、名誉等等"。

"天才是自然借以将规则给予艺术的固有精神气质（*ingenium*）。"

天才既存在于无限（自然）和有限（艺术）之中，也作为差异存在于它们之间。这样，天才是一种力量，而不是个别主体的属性。它是实现一种非个人的无意识过程的渠道。

如果作者把一部作品归于他的天才，那么他自己并不知道他是如何通过观念达到它的；他也没有能力随心所欲或遵循计划来设计作品；他同样不能通过语言把他的制作程序传达给他人，让他们能创造类似的作品。

对崇高的分析

关于美的品味判断并没有让理性发挥作用，因而仅仅是"善"的标记。关于崇高的品味判断在这个方面不同：它们毫无例外地与理性的自由观念相联系。

希腊作家朗基努斯是第一个联系美学（即感觉问题）来处理崇高的人。他的论文《论崇高》写于公元 1 世纪中期。法国批评家尼古拉斯·布瓦洛（1636—1711）复活了崇高问题，并翻译了朗基努斯的文本。

我认为崇高是修辞学和诗学中的高尚的风格。

在 17、18 世纪，崇高变得和自然中野蛮、广阔以及任何引起混乱感的现象相联系。

柏克关于崇高的观点

康德的崇高理论部分是为回应英国政治家埃德蒙·柏克（1729—1797）的题为《对我们关于崇高和美的观念的起源的哲学探究》的文本而形成的。对于柏克，欣喜——作为崇高感特征的消极快乐——产生于痛苦威胁的消除。某些对象和感觉威胁到自我保存：阴影、荒僻、寂静和死亡的接近，宣告交流和生命的熄灭。

柏克将双重功能归于诗，激起恐怖（语言中断的威胁），以及迎接语词的这一形象通过引起"'听不到的'短语的来临"而发起的挑战。一个像"主的天使"这样的简单表达会引起心理无限的联想。

数学的崇高

康德关于崇高的第一次写作是 1764 年的《关于美感和崇高感的考察》。在那里，他对比了美的感受和崇高的感受。"崇高触动人，而美迷人。"在《判断力批判》中，康德说崇高的经验通过过量的感觉信息引起。

这样一种经验可以通过两种方式出现。要么通过广大，要么通过力量的压倒性感觉："数学的崇高"和"力学的崇高"。

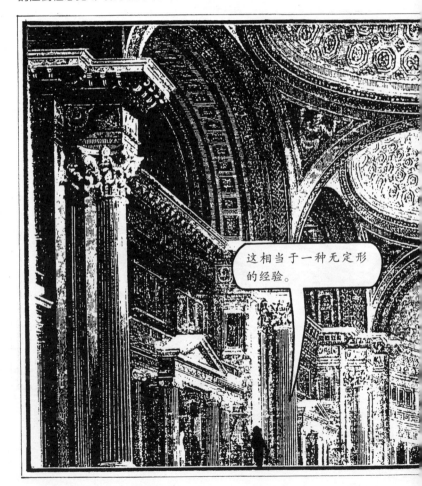

这相当于一种无定形的经验。

数学的崇高随迷乱感或困惑感而生，例如，就像当第一次踏入罗马的圣彼得大教堂，或者站在金字塔这样的不朽建筑旁那样。"眼睛需要一些时间来完成从基座到顶尖的了解，但在这段时间里，某些先前的部分在后来部分被了解之前已经在想象中消失，因而了解永远不完全。"

力学的崇高

在力学的崇高中，无定形的经验通过与"作为权威的自然"互动而出现："那陡峭、高耸的让人感到威胁的岩石，空中堆积、飘荡的伴随着闪电、霹雳的雷雨云，带着它们所有的毁灭力量的火山，留下它们所有的破坏性的飓风，怒涛汹涌的无边海洋，巨大河流的高悬的瀑布……"

这些现象唤起一种恐怖的感受和自卑感。但其他感受作为显示"自由判断"条件的反作用力接踵而至。因此，"美德之士敬畏上帝而不害怕他"，而一个伟大的武士将展示"和平的一切美德——温和、同情，甚至恰当地关心他自己的人格——恰恰因为他们表露了他的心灵不能被危险所征服"。

体验崇高

　　康德坚持崇高的经验不依赖对象（例如自然），而是主体。当萨瓦的农夫称"爱好冰山的人都是傻瓜"时，他理解这一点。

　　因为这个原因，康德完全符合《出埃及记》中提倡的对形象的禁止。

　　"或许犹太律中最崇高的段落是这一戒条：'你们不可为自己雕刻形象，或者任何天上、地上、地下事物的肖像'等等……这个纯粹、令人振奋的，并且只是否定的道德展示没有狂热主义的危险，那是一种想要看见某种超出一切感性界限的东西的妄想。"

崇高经验是由想象官能造成的。这一想象中感觉刺激的积累阻止了知性的运行。最初，这一观念导致一种不快和痛苦的感受。想象中的感觉积累起源于三个经验因素之间的差异：与对象（例如自然）或无限和自由相联系的巨大或力量。

巨大或力量的经验与无限的经验不是相同的东西。它们也不是简单地相互类似，然而它们也不是完全不同。

　　这两种经验之间关系的不稳定产生了最初的伴随崇高的不快或痛苦感受。这标志着"想象的牺牲"。

自由的超越

但是快乐跟随在不快和痛苦之后。自然和无限之间关系的不稳定性展示了一种超越。这一超越就是自由：理性的在场。

同时感性（想象）的最大能力是不充分的，它与理性观念（理性）处于和谐中——只要努力趋向它们对于我们仍然是一条法则。

作为结果，"想象获得超出它所牺牲的东西的扩张和威力"。

虽然想象绝不可能等同于理性和自由观念正是经验的本性，但是，"这种威力的基础向它隐藏着；相反，想象感受到牺牲或剥夺，同时感受到支配它的原因"。

但是这引起进一步的崇高经验，结果是"无限的展现"。这样的展现"只能是消极的"，因为它总是涉及想象对理性的牺牲和自由观念。

现代主义之恶

　　自由的介入保证了人支配自然，而不是相反。但是自然并不自发地呈现自身。因此，先于约定和社会的不是自然，而是"文化"。

> 关于自然中的崇高的判断要求文化这一事实……仍然绝不暗含着它最初由文化产生，继而仅仅通过（比如说）约定引入社会。相反，它在人类的自然本性中有其基础：除常识之外，在某种我们可以要求每个人的东西中。

"因此，任何观察者，他看到直入云天的宏伟山峦，水流狂怒于其中的深深峡谷，躺在幽深阴霾中、引起忧郁沉思的荒漠，等等，就会被近乎于恐惧的**惊愕**、惊恐和神圣的战栗抓住。但是因为他知道自己是安全的，这就不是真正的害怕：这不过是试图用想象造成它，以便我们可以感受这种力量的威力，并把由此唤起的精神躁动和心灵的宁静状态结合起来。以这种方式我们感受到相对于我们自身内在自然的优越性，继而是相对于我们之外的自然的优越性，只要它能影响到我们对福祉的感受。"

自由、痛苦和欲求

　　自由的经验是震撼的，总是跟随着和紧密联系着痛苦（并且依赖痛苦）。然而这确认了主体经验自由的独特性。痛苦是一种分裂感或主体和无限（生与死）之间的差异感，一种关于自然的完全无差别的经验。这种对自然的无可改变的绝对经验是欲求经验之外者（他者）的经验。这是对欲求的绝对经验，因为他者绝对地缺席：作为欲求的牺牲，作为牺牲的欲求。

目的论判断批判

所有品味判断都指涉一种自然中的"没有目的的目的性",意味着一种目的感胜过了论断问题。因为它不再是一个询问存在什么基础知识或道德的问题,因为感受产生并取代了这个问题。

在《判断力批判》的最后一部分,名为"目的论判断批判",康德探查了他先前对目的的科学和宗教观念的探究的意涵。

科学和宗教共享了把一个原因归于一个结果的欲求。宗教不断询问"人为什么而存在?",并且在问这个问题时就蕴含着这个问题是有目的的,即使它可能不必然被回答。机械论科学在为运动创造功能模型时,暗示存在自然背后的原则。

"目的论判断批判"的目标是防范混淆**目的**与**意向性**的错误。例如,康德承认草为牛羊而存在,梦为了保持想象的活动而存在,但这不意味着它们是被**有意**创造的。

无视意向意味着康德承认任意和意外。它们的存在基于经验。他提供了这一准则:"世界上的每个东西都对这个或那个东西是好的;没有什么东西是无缘无故的;每一事物在对整体的关系中都是目的性的。"

康德拒绝"人类种族的目标是幸福"这一论点。在人类种族中,文化天生是终极目标。

它使得人更"接受观念",并且是思考无条件者(自由)的条件。

"在理性存在者中产生追求愉悦他的目标的一般资质(因而在他的自由中),那就是文化。"

康德与宗教

在康德活跃生涯的最后十年,他关于宗教的观点反映了在"三大批判"中发展出的思想。

基督教的礼拜和其他形式的宗教礼拜不重要。

"不论伪善者墨守成规地拜访教堂,还是洛雷托或巴勒斯坦的圣地,不论他用唇舌向神圣的权威致诵祈祷词,还是像西藏人那样……用经轮来祈祷——又或者是用不论什么可能的对上帝的道德服务的替代品——它们的价值都是一样的。"(《单纯理性限度内的宗教》,1793 年)

对于康德，逢迎地礼拜上帝代替不了"先验批判"。作为结果，他说道德"不以任何方式需要宗教为自己服务（客观上就意志而言，以及主观上就能力而言），而是通过纯粹实践理性，它自给自足"。

对于康德，《圣经》人物约伯成为启蒙思想的先驱。

约伯放弃了代表上帝的动机和愿望，并且批评其他试图这么做的人。

约伯，一个启蒙人物

"约伯像他想的那样和他被期待的那样说，并且像每个处于他的境遇的人会被期待的那样说；他的朋友则以相反的方式说，仿佛他们正被那强力者窃听，那强力者是他们正在辩护的，并且以他们的判断而不是真诚来站在更亲近的一方。"

"面对我们今天的任何教条神学家的特别法庭、宗教会议，宗教审讯，一群教士，或任何宗教法院，约伯极有可能经历悲惨的命运。"（《论神义论中一切哲学尝试的失败》）

什么是启蒙？

在 1790 年代，康德的思想与政府权威发生了冲突。康德在一篇 1784 年发表在《柏林月刊》杂志上的文章为此事件做了准备，这篇文章是为了回答编辑设定的问题："什么是启蒙？"

在这一文本中，康德把启蒙定义为"出口"或"出路"（Ausgang），但它被构想为一种否定的方式，即（不断）拒绝各种权威式的指令。启蒙具有一个"Wahlspruch"（字面含义是铭文，但隐喻箴言或指南）。

这与人类的不成熟状态截然相反，在那种状态中实行的规定是："别思考，跟别人走。"

私人理性与公共理性

    康德试图通过在理性的私人运用和公共运用之间做出区分来保卫启蒙运动的律令。当一个人是"机器中的齿轮"时，发挥的就是理性的私人运用，那就是，当在社会中扮演士兵、纳税人、牧师或公务员的角色时。因此，在私人范围内，人被置于受约束的地位，在那里他必须应用特殊的规则，追求特殊的目的。

    作为这些责任的结果，康德为处于成熟状态的人提供了一条格言："服从，你将能够如你所愿地理性思考。"

通过以毫不遮掩的方式向国王弗雷德里克·威廉二世提出一项契约，康德这篇文章的结论超出了这些圆滑的策略。

1794 年，康德在《柏林月刊》上发表了他的文章《万物的终结》。在文中康德预言，如果自由思想在基督教内被妥协的权威阻塞，道德将会终结（故此有文章的标题）。"如果基督教不再令人爱戴（如果它装备的是专横的权威，而不是它的高尚精神，那就会发生），对它的拒斥和反抗就不可避免会成为人们的主导性思维方式。"

王室的警告

1794 年 10 月 1 日，一封由国王签名的信寄给了康德，在信中，他被指责"误用"了他的哲学"来歪曲和贬损《圣经》和基督教的很多重要和基本的教义"，并被教导不要惹王室不快，不要再做类似的事。"否则，如果继续反抗，你可以确定地预见到不快的后果。"

在写《康德的辩护词》时，他求助于先前关于理性的私人应用和公共应用的区分。他拒绝他对《圣经》和基督教做了任何判断的自责。

然而，康德接受了不再公开讨论宗教问题的要求。

虽然宗教被禁止讨论，但康德继续出版关于政府和权利与自由问题的著作：《论永久和平》，1795年；《道德形而上学》，1795年；《学科之争》，1798年，它涉及法国大革命。基本上，康德不必然支持保皇派或共和派。

"我坚持这一革命已在所有自身没有卷入其中的旁观者的心灵和欲求中激起了近乎于狂热的同情……因而除了人类之中的道德气质之外，它不可能有别的原因。"

康德最后的日子

康德死前的这段时期的详细信息被保留下来，是由他的朋友和早期传记作家帕斯托·瓦西安斯基和路德维希·恩斯特·博罗夫斯基记录的。这些传记作家们提供的信息后来由托马斯·德·昆西（1785—1859）整理，并作为一篇文章发表于19世纪初期，名为《伊曼努尔·康德最后的日子》。

康德出现了脑动脉硬化。他的近期记忆开始衰退，虽然他仍然精确地记得遥远的事情，并能背诵诗歌的长篇段落，特别是维吉尔的《埃涅阿斯纪》的段落。他还对电产生了强烈的谬见。

他失去了对时间的所有准确度量，并开始对他的仆人们不耐烦。1802年，康德解雇了长期为他服务的男仆兰珀。其原因至今不明，虽然可能的背景资料使人相信，原因是性骚扰！

在他 1802 年 2 月的日记里，康德写道："必须从现在开始忘掉兰珀这个名字。"

随着 1802 年至 1803 年的冬天到来，康德抱怨胃疼。他睡眠困难，并被他的梦惊吓。1803 年春，他开始丧失食欲；不久之后，他的视力也开始减退。有时，他仍然能回应哲学和科学方面的问题。但逐渐地，他开始不能与他人交流，甚至不能认出他们。

　　康德于 1804 年 2 月 12 日去世，刚好在他八十岁生日前两个月。他的名声使得他的葬礼在哥尼斯堡大教堂公开举行，普鲁士各地的头面人物都来参加。

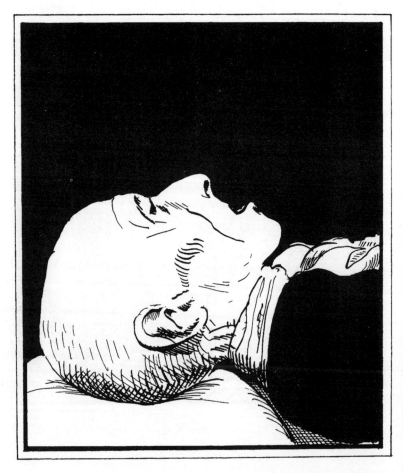

康德之后

引论

当代哲学家**让－弗朗索瓦·利奥塔**（1924—1998）写道："康德的名字直接就标志着现代性的序言和尾声。并且，作为现代性的尾声，它也是后现代性的序言。"（《历史的符号》，1982年）

正如利奥塔提出的，康德的哲学遗产最好被看作是对不同历史时期的超越。它标出了现代性的哲学方向和关切——并没有必然过度地决定它们——同时它跨越到了一个新的时代。

这不意味着康德的哲学将被后现代性所实现或充实。而是，引起概念变化和革命，是这种哲学的本性，而这一变革超出了历史前进和进步的叙事。

以下是一系列某些主要的现代和后现代哲学家的概述，他们的工作可以被看作被卷入了这一场革命。限于篇幅，这里只能提供线索，希望它们有助于读者看到，后来的哲学家如何从康德哲学的持续的相关性和力量中取得收获。

格奥尔格·W.F.黑格尔

黑格尔（1770—1831）追随康德，断言现代的最高要求是，思想自由和自律地通过理性得出它的全部知识和价值。而且，理性不应该做出关于它自己的任何没有得到保证的假设。然而，黑格尔对没有预设的"逻辑学"的追寻，引导他怀疑康德对范畴的组织对于思想而言是不充分的。

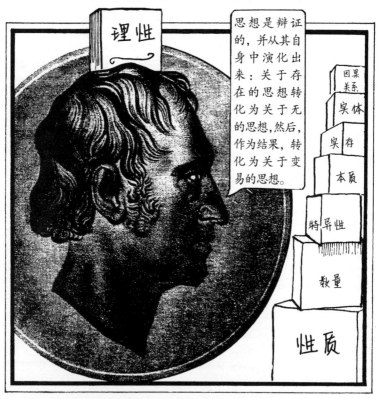

> 思想是辩证的，并从其自身中演化出来：关于存在的思想转化为关于无的思想，然后，作为结果，转化为关于变易的思想。

既然思考**存在**同时也是思考**变易**，所以黑格尔把思想的范畴安排为一个连续的顺序：性质、数量、特异性、本质和实存、实体和因果关系，跟在最后的是自我决定的理性。由此黑格尔得出了一种内在发展的和批判的方法，在其中每个范畴通过上升序列中在先规定的潜能和局限来揭示真理。这一原则是"一切真正的科学知识的灵魂"。

像康德一样，黑格尔相信真正的自由意志是"意欲自身和自己的自由的意志"。黑格尔确立的权利的哲学，与义务的哲学形成对照，按他的观点，义务的哲学没有排除偷盗与谋杀这样的侵害行为。在他的《**法哲学**》（1821年）中，黑格尔宣称："绝对的权利是拥有权利的权利。"由此他导出了这样的律令："做一个把他人当作人来尊重的人。"

像康德一样，美学是黑格尔哲学的一个至关重要的组成部分。艺术，以及宗教（特别是基督教）和哲学，统一、调和对立面，并在这样做时揭示真理。

在艺术的某些形式中，理念在它的缺席中通过不确定的性质被给予。黑格尔引用了《麦克白》，尽管麦克白迷信和脆弱，但理念——麦克白性格的优点——还是突现出来。黑格尔特别推崇古希腊雕塑，但他也看重艺术中的现实主义传统（例如穆里洛画的乞讨的男孩们），他论证说它使得自由可以被看见。

弗里德里希·尼采

尼采（1844—1900）宣称他的哲学由"重估一切价值"构成。特别是，这包含着摧毁或"战胜"基督教和形而上学的价值。尼采相信，这些价值"敌视生命"，因为它们培养对**强力**固有的矛盾的恐惧。

对于尼采，康德是一个"狡猾的基督徒"，绝望地紧紧抓住形而上学的最后遗迹。本体是一个先验内在性的概念，代替了宗教信仰。定言命令通过重新肯定某种意义的义务而导致"重返上帝"。

但是对于尼采来说，康德还有另外一面。

> 康德的怀疑论造成了对知识和自由的批判性解释，它不可避免地导致推翻形而上学。

康德就像"一只迷路的狐狸，误入歧途回到了他的笼子里"。虽然尼采承认："他的力量和聪慧本可以打开笼子！"

对于尼采，强力指的是什么？它有两种倾向。不断激起他人的需求并回应它们的能力。这就是为什么按尼采的观点，"艺术家给予的多于他接受的"。当然强力也是指这样的能力，当创造性受到威胁时放弃所爱对象的能力，而过失被归于放弃的一方而不是被拒绝的一方。这是"两性战斗"或人类关系的必要部分。

这些观念在康德哲学找不到确切的回响。实际上，正如尼采暗示的，它们是特意设计来远离康德的深层形而上学。然而，康德关于与美学作为一个感觉问题（"第三批判"）相联系的判断的分析，可以被看作预示了尼采在"上帝死了"之后，通过冲突的情感连同精神冒险而对强力所做的分析。

康德肯定了判断要求选择，并且判断在于通过拒绝和牺牲过去真理的力量。我同意。

类似的，两个思想家都利用天才人物来探索他们的观念。对于康德，天才的力量由无意识动机构成；同样，在尼采那里，他们由超出人类限度的感受所创造，并来自这种感受："这种动物的兴奋通过强化的生命的形象和欲求发生作用。"（《**强力意志**》，1887 年）

马丁·海德格尔

海德格尔（1889—1976）关注的中心是存在问题（本体论），但还有通过回忆它的历史使这个问题不再重要的可能性。海德格尔相信康德哲学围绕着他也同样关心的主要问题——此在（"在这里存在"）问题。它涉及存在发生和能被触及之处。

康德提出的"物自体"并非异于显像，而只是从不同的眼光看同一事物，这一点激发了海德格尔。

> 我把它的意思诠释为"物自体"，并不像某些传统形而上学提议的那样存在于现象之上或之外。相反，"物自体"保持隐蔽是因为它自己的显像就是遮蔽物。但被显露的东西是我们看到这一点的能力。

这意味着"物自体"与有限的意识不可分隔。

海德格尔通过询问"物自体"的知识如何能被给予，而把注意力集中在这一演绎的意义上。"一个被如此交付给本质并且依赖它的接受的有限的存在者，如果不是本质的创造者，如何能在本质被给予之前具有关于本质的知识，即直观？"（《**康德和形而上学问题**》，1930年）这是海德格尔对康德的先天综合判断问题的改造。

对于海德格尔，知识问题总是被重复。

重复是一个去蔽过程，无尽地理解和揭示、记忆和遗忘认识存在的有限可能性。

这一过程正是**存在**问题发现它与**时间**问题的"源始"联系手段。在海德格尔的巨著《**存在与时间**》（1927年）中详述了这些思想。

米歇尔·福柯

福柯（1926—1984）的首要关切是定义当前的历史状况。这被概括在以下问题中："和昨天相比，今天带来了什么不同？"

福柯的历史批判研究包括领域广泛的主题：清醒与癫狂，疾病与健康，犯罪与法律，性关系的角色。这些研究都在福柯所称的**权力/知识**中被一个压倒性的兴趣联系在一起。历史的具体的人类经验被用交谈来定义，它通过一个规范性的规则集合，通过与自己关系的模式来起作用。

例如，对允许的和禁止的，或者正常的和病态的进行区分的规则。

对于福柯，康德的论文《什么是启蒙？》同样是在他自己的工作中的至关重要的问题，特别在贯穿哲学问题和现代性问题的方面。

福柯同意康德提出的，现代性应当用一个决定于理性的私人应用和公共应用之间互动的态度来刻画。对于福柯，这一私人理性与公共理性之间的关系明显是一个政治问题，其中，主体的义务和责任被交付给批判。但批判过程并没有把政府与个人划分开，或把雇员与雇主划分开。

启蒙蕴含着一个契约，责成所有各方允许探究对一个指定工作或活动的理解所具有的界限。

福柯把批判定义为"在我们的自律中永久地创造我们自己"。现代性的目标是灌输变化，包括来自于内的和对于自身的。"我们从已使我们是我们之所是的偶然性中分离出不再是我们所是，为我们所为，思我们所思的可能性。"实现这种分离，就是创造福柯所称的"自由的不可限定的功效"。

让－弗朗索瓦·利奥塔

利奥塔的哲学背后的关切存在于两个康德问题之中，**基础**问题（根据什么做出知识和伦理论断？）和**自由**问题。利奥塔提供了一个对现代性的"元叙事"的批判：知识是为它自身的缘故而被产生的思想（例如黑格尔），以及知识是为了获得自由而被产生的思想（例如马克思）。

利奥塔同意康德，即"不可能学习哲学，一个人充其量可以学习**哲学思考**"。因而判断仍然是关键问题，并且指向如何将历史的总体性付诸表象的问题。

批判的目的是防范提供历史总体性的例子的谬误。这只会侵犯自由。

正如康德提出的，伴随着知识受制于它自己的界限，不存在伦理行为的不可改变的原则。

剩下的唯一观点是，自由和责任的痛苦与不正义的经验紧密联系。

这些不定的感受与**尊严**（自由）相联系，是一种来自于知识又作用于知识的干扰力量。因而，作为尊严是干扰力量的推论，"进步"成为一种肯定交谈的异质性和不可预测性的可能性。

艺术可能是一种能够表现这种事件的力量。"艺术不是一种用目的（受众的快乐）来定义的体裁，它也不是一种必须发现其规则的游戏。它必须通过让放任发生来不断证实发生。"

雅克·德里达

德里达（1930—2004）经由将**写作**视为一种哲学活动和关切这一附加问题，走向本体论和认识论（存在问题和知识问题）。他说，"文本之外没有东西存在"，由此把注意力引向表象的界限的缺席，进而得出派生的康德式问题："对界限缺席的认知是如何发生的？"

德里达评论说，主体性和同一性概念传统上借助分层组织起来的二元观点来构造：主动—被动、充裕—缺乏、内在—外在、言说—写作等等。

这一关系的概念组织，其中第一项总是优越于第二项，内在于"在场的形而上学"。

在我的**批判**中，我也使用对立面——或"反题"。但我从不给"正题"或"反题"以优先性……

与这些观念形成对照，德里达的哲学由**解构**构成。这个术语的复数形式意在保卫"异质性和多样性，姿态、领域、风格的必要的多样性。解构不是一个体系，不是一种方法，它不能被同质化"。

在德里达看来，哲学的现代传统由在整个历史中一再重复的断裂和变异组成。

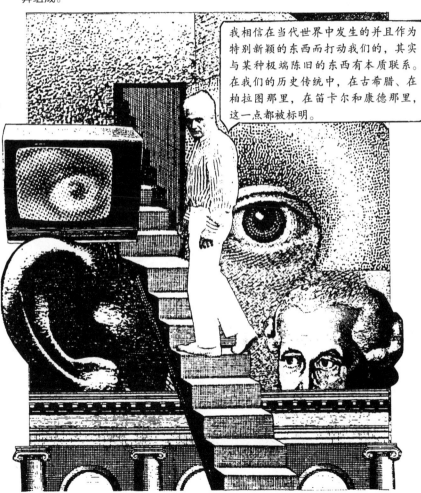

我相信在当代世界中发生的并且作为特别新颖的东西而打动我们的，其实与某种极端陈旧的东西有本质联系。在我们的历史传统中，在古希腊、在柏拉图那里，在笛卡尔和康德那里，这一点都被标明。

德里达对康德的《判断力批判》的分析（《**绘画中的真理**》，1978 年）专注于附属物或"装饰"。

德里达表明附属物并非只是一个二元结构中被压抑的项，例如绘画和画框。相反，它总是业已作为结构自身的条件而**缺席**。这"解构"了一种两项之间相互关系的可能性，并且瓦解了结构自身。

根据德里达，《判断力批判》中的不一致，是作为康德的幻象的结果而发展出来的，这个幻象是，获得真理就是达成写作的**目的**。但德里达的目的并不是简单地指摘康德或他的论证，相反，这些不一致的——不可避免的——出现充斥着德里达自己的文本，因而确证了主体作为写作目的的支持者，是可错的。

虽然框架装置上的装潢——"装饰"——包括在美的判断的范围内，但画和建筑可以与它们的框架分离的思想却被保留下来。

结论

通过当代思想家的批判活动而从康德传到今天的哲学遗产，它的展现不是为了普遍主义的进步意义上的"启蒙"。而毋宁说后康德哲学家反思的意识、认知和记忆的复杂性，蕴含着我们不能像形而上学设想的那样，从我们自己那里获得拯救。

哲学通过它自身的误会，继续着康德的自律和自我批判的研究。这一"计划"因为一切据以再生真理的示范性模式或标准的缺席而得到保障：正如德里达所说，"文本之外没有东西存在"。

康德自己希望把这些安置在科学的基础上。但最终它的意思不在其人文主义的含义上，因为科学是从感知或事实经验地或逻辑地导出的。相反，它意以尽可能系统的方式，确证一种从其有限性和可错性中得出其意义的哲学。这样，它意在反对对文化和政治的按部就班的关切——或者任何意在以被规定的知识和道德之名自我确立的组织。哲学在康德手中成为一门自爆式的批判科学："任何理性存在者为了人类理性的最高目的而拥有的爱。"

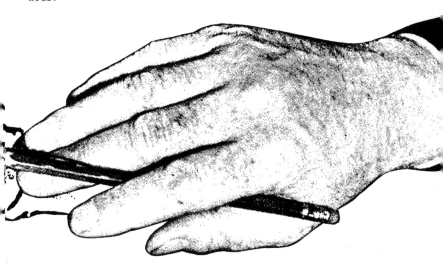

延伸阅读

康德生平

　　康德生活的细节主要来源于他的几个朋友的回忆——路德维希·博罗夫斯基、赖因霍尔德·雅赫曼、F.T. 林克和帕斯托·E.A.C. 瓦西安斯基。很多这些细节后来在 19 世纪由英国浪漫作家托马斯·德·昆西整理在他对老年康德作为一个李尔王般的人物的迷人描述中（《伊曼努尔·康德最后的日子》["The Last Days of Immanuel Kant"]，载《托马斯·德·昆西著作集》[*The Works of Thomas de Quincey*]，A. & C. Black，十六卷本，爱丁堡，1862—1883 年，第 4 卷，只能在专业图书馆中获得）。大多数关于康德生平的书都包含了对他的哲学的研究。恩斯特·卡西尔的《康德的生平与思想》（*Kant's Life and Thought*，詹姆斯·黑登译，耶鲁大学出版社，康涅狄格州，1981 年）在它的时代（最初出版于 1918 年）是一部探索性的书。阿尔塞尼·古留加的《伊曼努尔·康德：他的生平与思想》（*Immanuel Kant: His Life and Thought*，马里扬·狄斯帕拉托维克译，Birkhauser Inc.，波士顿，马萨诸塞州，1987 年）是一本更新的对康德生平和工作的概观。安东尼·施托尔的书《离群索居》（*Solitude*，Fontana，伦敦，1989 年）包含了关于康德写作的心理动机的一个有趣章节。

康德著作

　　康德哲学的核心存在于"三大批判"中。《纯粹理性批判》（*Critique of Pure Reason*）和《实践理性批判》（*Critique of Practical Reason*）最受欢迎的英译本分别由诺曼·康蒲·斯密（Norman Kemp Smith，麦克米伦，伦敦，1987 年；另一个由诺曼·康蒲·斯密编辑的不同版本由圣马丁出版社出版，纽约，1969 年）和刘易斯·怀特·贝克（Lewis White Beck，麦克斯维尔·麦克米伦国际出版公司，牛津，1993 年和麦克米伦，纽约，1993 年）翻译。詹姆斯·科里德·梅雷迪思（James Creed Meredith）的《判断力批判》（*Critique of Judgement*）译本被广泛使用（牛津大学出版社，牛津，纽约，1973 年），虽然那时已有维尔纳·S. 普卢哈尔（Werner S. Pluhar）的非常好的译本（哈克特出版公司，印第安纳波利斯，1987年）。这本书还包含普卢哈尔的一篇非常有用的对康德批判哲学的介绍。

康德的著述以晦涩繁复著称——尽管它引人入胜。读者可能乐于知道康德发表了前两个《批判》的缩简版。《任何一种能够作为科学出现的未来形而上学导论》（*To Any Future Metaphysics that Will be able to Come Forward as Science*，P. 卡勒斯编，J.W. 埃林顿译，哈克特出版公司，印第安纳波利斯，1996年）在《纯粹理性批判》1783年出版后不久出版；它提供了"第一批判"的一个有用的概览，同时探问科学确立它自身的可能性如何可能。《道德形而上学的奠基》（*Groundwork of the Metaphysics of Morals*，H.J. 帕顿译，劳特利奇出版社，伦敦，纽约，1995年）出版于1785年，"第二批判"出版前三年，提供了康德的批判实践哲学的主要论题的原初简述，包括义务概念、自由意志和定言命令的纲要。

不存在英语的康德文集全集版，虽然剑桥大学出版社目前致力于完成这样一个版本（《剑桥版康德著作集》[*Cambridge Edition of the Works of Immanuel Kant*]），借助这个版本，康德的许多著作，包括他的前批判著作已经能够获得。

康德介绍

关于康德的很多著述往往复杂难解。然而，有些对他思想的介绍已经出版，例如R. 斯克鲁顿的《康德》（R. Scruton's *Kant*，牛津大学出版社，牛津，1982年）。各种西方哲学史也总是包含关于康德的章节（例如《牛津插图西方哲学史》[*The Oxford Illustrated History of Western Philosophy*]，A. 肯尼编，牛津大学出版社，牛津，纽约，1994年）。

其他关于康德的重要著作包括G. 德勒兹的《康德的批判哲学》（*Kant's Critical Philosophy*，H. 汤姆林森和B. 哈伯贾姆译，阿斯隆出版社，伦敦，1984年）。这是一本短而晦涩的书，作者本身是一名哲学家，它强调"三大批判"间互动的意义。H. 凯吉尔的《康德词典》（*A Kant Dictionary*，布莱克威尔，牛津，剑桥，马萨诸塞州，1995年）是一个非常全面和有帮助的康德哲学概念谱系。对于根据女性主义思想的对康德的重新评价，见《性别差异》("Sexual Differnce", 载于《法国女性主义思想：一个读本》[*French Feminist Thought: A Reader*], T. 莫伊编, 布莱克威尔, 牛津, 剑桥, 马萨诸塞州, 1993 年)。《布莱克威尔启蒙运动指南》(*The Blackwell Companion to the Enlightment*, J.W. 约尔顿编, 布莱克威尔, 牛津, 剑桥, 马萨诸塞州, 1995 年) 对于为康德著作提供某种意义的历史和哲学背景很有用。

读者如果对进一步的哲学介绍有兴趣, 建议参考"图画通识丛书"的更多介绍。

致谢

作者致谢

我想要感谢凯瑟琳·亚斯和梅格·埃林顿, 她们在本书的准备和写作过程中提供了慷慨的帮助和支持。我也感谢朱丽叶·斯泰恩和理查德·阿皮尼亚内西的有趣而友善的建议。

我想要把本书献给我的母亲和父亲, 琼·万特和欧内斯特·万特。

画家致谢

画家希望感谢多姆·克利莫夫斯基、纳塔利娅·克利莫夫斯卡、乔·麦克唐纳和达鲁西亚·谢巴尔, 他们在设计本书时提供了无比宝贵的帮助。

由 **Wayzgoose** 排版

索引